実践で役立つ本当に使える会計本

4つの箱で理解する簿記会計

澤 昭人

簿記会計ってなに？　*4*

第1章　簿記会計は4つの箱でできている　*5*

第2章　いろいろなものを箱に入れてみよう！　*15*

第3章　箱を2つ並べるイメージトレーニング　*29*

第4章　実務でよくある取引を2つの箱に入れてみよう　*45*

CONTENTS

簿記会計ってなに？

　簿記とは、会社やお店で発生する会計上の取引（日々のお金の動きのこと）を分類・整理し、帳簿に記録するためのテクニックのことです。

　家庭では会計上の取引を家計簿に記録していますが、これに似ています。ただ簿記は家計簿と違い、一定のテクニックに則って記帳することが求められます。家計簿は記録している本人や家族が理解できればその目的を達成しますが、会社やお店の場合、誰が見ても理解できるように記帳する必要があるからです。

　簿記検定などがあるからか、時間をかけて勉強しないと、このテクニックは習得できないと、多くの方が勘違いをしています。そもそも「簿記」とか「会計」という言葉自体が難しい印象を与えているのだと思います。実際は、**4つの箱をイメージするだけで簡単に理解することができます**。

　簿記は記録する方法であり、会計は簿記で記録したデータをわかりやすく誰もが読めるようにするためのルールだと思ってください。ただこの言葉の違いを初心者が気にする必要はありません。

　それでもこの本を読み終える頃には、会社やお店で発生する会計上の取引を分類・整理し、帳簿に記録できるだけのテクニックをマスターしているはずです。サラリーマンの方なら、決算書類から自分の会社の経営状況を読み解くレベルにはなっているでしょう。

　それでは「**簿記会計**」について、順を追って説明していきます。

澤　昭人

簿記会計は
4つの箱でできている

■ 4つの箱と26の取引例

簿記会計は、4つの箱をイメージするだけで理解できます！

　一般的に、簿記や会計はわかりづらいと思われがちですが、そんなことはありません。実はシンプルそのものです。シンプルさを実感してもらうために、本書では『4つの箱』を使って解説します。
『4つの箱』とは、<u>会計上の取引があったときに発生する証拠書類（金額とその内容が記載されたもの）を入れておく保管箱</u>だと思ってください。例えば、商品を買ったときに貰う領収書を入れる箱です。
　皆さんも領収書は箱などに入れて保管していますよね。そんな当たり前のことを頭の中でイメージするだけで、簿記会計を簡単に理解することができます。

4つの箱

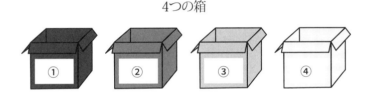

　しかも本書で取り扱う<u>会計上の取引は、(A) から (Z) までの26例しかありません</u>。たった26例の会計上の取引で発生した証拠書類を、4つの箱に分類するトレーニングをするだけで、簿記会計の力がゼロから飛躍的に上がるのです。

■ プラス1の箱

「決算書」については、本書の第7章で解説しますが、決算書を完全に理解するには、基本の4つの箱の他にもうひとつの箱（プラス1の箱）が必要になります。ちみなに<u>決算書とは、会社やお店の一年間の会計上の取引をまとめた成績表</u>だと思ってください。

　プラス 1 の箱が必要なら、「結局、箱は 5 つ？」と思うかもしれませんが、基本的に 4 つの箱さえわかれば充分です。

　本書でも第 6 章までは 4 つの箱しか登場しません。プラス 1 の箱が出てくるのは最終章である第 7 章だけです。しかも第 6 章までトレーニングを積み重ねていれば、第 7 章に登場するプラス 1 の箱を理解するのも早いはずです。

　本書ですが、**とにかく最後まで読み進めてください。わからなくても途中で立ち止まらず、とりあえず最後まで読み進めてください。**読み進めれば進めるほど、前に書いてあった内容がわかってくるはずです。それが、簿記会計を理解するコツになります。

　そして最終章である第 7 章をクリアし、4 +1 ＝ 5 つの箱を縦横無尽にイメージできるようになれば、会社の決算書も簡単に読み解けるようになっているはずです。

■ 箱の意味

　本書で登場する箱は、給料を払ったり、モノを買ったり、商品が売れてお金が入金されたりなどの会計上の取引が発生したとき、その証拠書類（金額とその内容）を入れておく保管箱のようなものです。

　箱が 4 つでなく、1 つの箱にすべての書類を入れてしまうと、今月の売上がいくらだったのか、その資料を探すだけでも大変で、何が何だかわからなくなってしまいます。かといって箱を 10 も 20 も増やしてしまうと、どの取引をどの箱に入れるか迷ってしまい、逆に非効率になります。

　長年の試行錯誤の末、箱は 4 +1 ＝ 5 つが最も効率的で理解しやすいという結論に辿り着いたのです。

　これが「複式簿記」と呼ばれる保管テクニックになります。基本の箱はたった 4 つですから、分類も簡単なわけです。

■ 基本の４つの箱

それでは、基本の４つの箱について説明します。

①お金箱　②借金箱　③売上箱　④コスト箱

①お金箱

会社の現金や預金通帳を保管するための箱です。会社にとって現金や預金は大切な資産ですので、他とは別に管理します。

②借金箱

銀行からお金を借りたときの**借用書などを保管するための箱**です。借りたお金は返済義務があるため、現金や預金の資料とは分け、別の箱で管理します。

③売上箱

商品を販売したときに発行する**請求書や売上伝票などを保管するための箱**です。会社を運営している以上、売上は重要です。売上関係の資料は、独立した箱で管理します。

④コスト箱

事業に必要なコスト（経費）を支払ったときの**領収書などを保管するための箱**です。従業員の給料や広告宣伝費、交際費など、コストにはたくさんの種類があるため、これらも独立した箱で管理します。

以上の４つの箱を頭の中でイメージできれば、簿記の最初の壁をクリアしたも同然です。たったこれだけです。簡単でしょ？

■ あなたは経営者

あなたは YouTuber でしたが、動画配信をしていくうちに制作技術を身につけ、とうとう動画の制作会社を設立しました。

ここからは、あなたが立ち上げた動画制作会社を例に、4つの箱をイメージしていきたいと思います。

あなたは元手として現金10万円を用意し、会社を設立しました。したがって、あなたの会社には10万円の現金があります。それでは、この10万円は4つの箱のどの箱に入るでしょうか？

これは簡単ですね。**①お金箱**です。では、①お金箱に現金10万円を入れるシーンをイメージしてください。

では、この10万円を元手に、一流企業を目指して頑張っていきましょう！

■ 4つの箱の基本トレーニング

動画制作会社は、企業から商品の宣伝動画や会社の紹介動画などの制作を依頼され、報酬をもらうビジネスモデルです。

ここでは、4つの箱をイメージするために、新規の動画制作案件を勝ち取り、見事に100万円の売上を達成した取引を想定したいと思います。

（1）小道具の購入

　商品の宣伝動画の制作依頼を受けたあなたは、雑貨屋さんで制作に必要な小道具を4万円で購入しました。

　このとき、必ず領収書を受け取ってください。売上に対し、コストを幾らかけたのか、しっかり管理しておかないと会社の利益を把握できません。**受け取った領収書をコスト専用の箱である④コスト箱に入れましょう。**

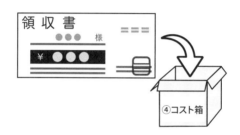

（2）銀行から借金

　商品の宣伝動画のため、編集作業はいつも以上に丁寧に行う必要があります。そこであなたはアルバイトを1名雇うことにしました。

　しかし、この動画の売上代金が入金されるのは、動画をクライアントに納品してから1ヶ月後の契約になっています。

　現在、あなたの会社にお金はほとんどありません。そこであなたは銀行から50万円を借りることにしました。

　銀行からお金を借りたら、借用書を書きますよね。正式には「金銭消費貸借契約書」といいます。**返済が必要な金額を管理するのは非常に重要なため、契約書を専用箱である②借金箱に入れましょう。**

（3）請求書発行

　無事に動画の制作が終了し、制作物である動画をクライアントに納品することができました。そこであなたは、代金 100 万円の請求書をクライアントである企業に送ります。「いつ、何の案件で、売上はいくらだったのか」は、企業の命ともいえる情報です。**コピーした請求書を売上専用の箱である③売上箱に入れましょう。**

（4）売上代金の入金

　企業から代金 100 万円が振り込まれました。お金は会社にとって何より大切です。お金がなければ何も始まりません。今いくらあるのか、絶えず把握しておく必要があります。**銀行の通帳を専用箱である①お金箱に入れましょう。**

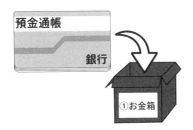

4 つの箱のイメージをまとめると次のようになります。

　①お金箱：現金や預金通帳を入れる箱
　②借金箱：銀行からの借入した際の借用書を入れる箱
　③売上箱：売り上げた相手に発行した請求書を入れる箱
　④コスト箱：何かを買ったときの領収書を入れる箱

■ 専門用語に変換

　基本の４つの箱ですが、簿記ではそれぞれの箱に専門用語が付けられています

> ①お金箱　　→　　資産
> ②借金箱　　→　　負債
> ③売上箱　　→　　収益
> ④コスト箱　→　　費用

　<u>資産</u>：現金や預金などのプラスの財産のこと
　<u>負債</u>：借金など、返済義務のあるマイナスの財産のこと
　<u>収益</u>：売上のこと
　<u>費用</u>：事業で発生するコストのこと

　資産などの専門用語には、実は深い意味がありますが、いまは単に用語に慣れてくれれば充分です。そのためここからは「<u>①お金箱（資産）</u>」のように併記して進めたいと思います。

■ 決算書は会社の通信簿

　簿記会計の最終目的は、いま会社は儲かっているのか、財産はいくらあってそのバランスはどうなっているのか、といったことを、わかりやすい「表」の形式で表現することです。それが「決算書」と呼ばれる表です。ただ決算書というのは通称で、正式には「<u>財務諸表</u>」といいます。

　決算書（財務諸表）は、会社の通信簿のようなものです。会社の状態がいいのか、悪いのかは、数字、つまり点数でしかわかりません。**その点数が決算書という会社の通信簿で表現されているのです。**この通信簿を作るための点数を記録する方法が『簿記』になります。

　そして決算書（財務諸表）の仕組みも、下図のように基本の4つの箱で表現できてしまいます。決算書は4つの箱を並べて表にしたものなのです。

　このため、本書を読み進めて箱の中身をイメージできるようになれば、決算書を読み解くことができるようになります。ただ先に述べたように、決算書にはプラス1の箱も登場しますが、4つの箱を理解していれば、難しくはありません。

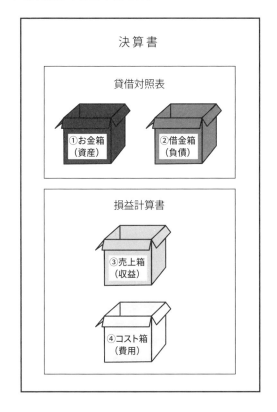

■ 複式簿記

簿記には、「単式簿記」と「複式簿記」があります。一般的に使われている簿記の手法は「複式簿記」になります。

しかも簿記は、世界共通の記録方法です。日本でもアメリカでも、中国でもEUでもアフリカでも、記録の仕方は同じです。世界共通の仕様がここまで普及しているのは、なかなか珍しいといえます。

現代の簿記は、大航海時代のイタリアで発祥し、イギリスで発展し、アメリカで原型が完成した歴史的にもグローバルな記録法です。

ただ、イタリア、イギリス、アメリカと発展の中心が欧米だったため、随所に欧米人的発想が見られます。その最大の特徴が「**なるべく引き算をしない**」になります。

これについては、本書の後半で説明します。

このように発展した**簿記は、会社の経済取引を記録する手段となり**、売上や給料などの金額を記録し、利益を計算するには欠かせないものとなりました。

会社にとって利益をあげることは最重要課題ですから、正確に記録する必要があるのは言うまでもありません。

国にとっても重要です。企業が支払う税金は、利益を基に算定されているからです。つまり、企業にとっても、国にとっても、利益を確定させることは、非常に重要というわけです。

また**簿記・会計は、ビジネス上の取引を表現する誰もが理解できる世界共通の言語**であり、**ビジネスの「見える化」のためのツール**でもあります。見える化にはシンプルさが求められますが、簿記ほどシンプルで洗練された記録法はありません。

世界一の投資家として有名なウォーレン・バフェットは、「会計はビジネスにおける世界共通の言語だ」という言葉と共に、ビジネスのために会計を学ぶことを推奨しています。

この本を最後まで読み進めることで、あなたも世界共通の言語である『簿記・会計』を縦横無尽に使いこなせるようになるでしょう！

第 2 章

いろいろなものを
箱に入れてみよう！

■ 箱の表示カウンター

　ここからは、会社の取引を基本の4つの箱に入れるトレーニングをしていきます。第1章のイメージを残しつつ、改めて提示する(A)〜(Z)までの取引について箱を使って仕訳していきましょう。

　最終的に第7章では、それらを元に決算書を作ります。

　あなたは動画の制作会社を、現金10万円を元手に設立しました。これは、あなたの会社の現金が、10万円増えたことを意味します。

【取引(A)】現金10万円で会社を設立した。

　この取引は、どの箱に入るでしょうか？

　現金が10万円増えたので、①お金箱（資産）の箱に入ります。

　ここで新しい機能を紹介します。箱に何かを入れたとき、その内容と金額が表示される表示カウンターです。

　取引(A)では、現金10万円が箱に入りました。つまり、現金が10万円増えたことが表示されます。

表示カウンター →　現金　100,000

　表示カウンターは、「箱に入ったモノや資料の内容を自動的に読み取って表示する仕組み」だと思ってください。単位は「円」が前提となるため、**「¥」や「円」は表示しません。**

■ 借入金
<small>かりいれきん</small>

　会社を設立してすぐに、企業から動画制作の依頼が飛び込んできました。この案件をこなすには、機材を充実させたり、アルバイトを雇ったりする必要があると考えたあなたは、当分の資金として銀行から100万円を借りることを決意します。

　一般的に会社は、制作したり仕入れたものを、納品したり売ったりして利益を得るため、先にコストが発生し、売り上げとしてお金が入るのは後になります。このため、**案件が大きくなればなるほど先に必要となるお金も増え**、資金的に苦しくなります。ですから、このタイミングで大きな金額の借入を考えたわけです。

【取引（B）】銀行から100万円を借りたため、お金が普通預金の口座に振り込まれた。銀行とは金銭消費貸借契約書を締結している。

　銀行から100万円が振り込まれたため、「普通預金」にお金が増えました。これをどの箱に入れるべきか、表示カウンターがどうなっているか、イメージしてください。

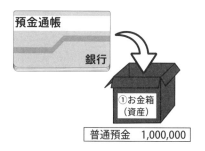

　<u>普通預金も現金と同じようなものであるため、①お金箱（資産）に入れます。</u>表示カウンターは「**普通預金　1,000,000**」になります。

　取引（B）では銀行からの借入について金銭消費貸借契約書（借用

書）を結んでいるため、この書類も保管する必要があります。そこで、**契約書（借用書）を②借金箱（負債）に入れます**。

この場合も内容と金額が表示されます。

銀行からの借り入れは、専門用語の「借入金」を使うため、表示カウンターは「借入金　1,000,000」になります。

■ 資産と負債

ここで「資産」と「負債」について学んでおきましょう。

資産と負債は、「財産」でイメージすると簡単に理解できます。実は「**財産」には、プラスの財産とマイナスの財産の2種類あります**。

プラスの財産は、現預金（現金と預金）と、その他売却できるものすべて（土地や建物、株式、高級車や宝飾品、美術品、書画骨董品など）になります。

マイナスの財産はズバリ借金です。返済のため、将来的に財産が減ることがわかっているものになります。

専門用語では、**プラスの財産を「資産」、マイナスの財産を「負債」**といいます。

したがって「**①お金箱」は「①資産箱」と表現できますし、「②借金箱」は「②負債箱」と表現できる**わけです。

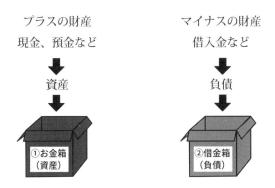

プラスの財産
現金、預金など

⬇

資産

①お金箱
（資産）

マイナスの財産
借入金など

⬇

負債

②借金箱
（負債）

■ 備品の購入

資金調達により 100 万円を手に入れたあなたは、いままで個人で使っていた安いデジカメから、高級一眼レフカメラに買い替えることにしました。

【取引（C）】家電量販店で 50 万円の高級一眼レフカメラを購入し、代金はクレジットカードで支払った。

この取引はどの箱に入るでしょうか？　50 万円の高級一眼レフカメラは動画撮影、つまり事業に使う道具です。**このような道具のことを簿記では「備品」と総称します。**

高級一眼レフカメラは、使用後すぐに消失するものではありません。丁寧に扱えば、何年も使えますよね。しかも要らなくなったら売却することもできます。高級機ほどリセールバリュー（中古で売ったときの下取り価格）が高くなります。

このような備品を保有していることは、**将来売却できる「資産」を持っているのと同じ**です。

では、資産である会社のプラスの財産には他にどのようなものがあったでしょうか？　そうです、現預金です。

つまり**高級一眼レフカメラのような備品は、現預金と同じ「資産」であり、入れる箱は①お金箱（資産）**になります。

このように、長年使用でき、しかもリセールバリューの高い、①お金箱（資産）に入れるようなものを「<ruby>固定資産<rt>こていしさん</rt></ruby>」といいます。

固定資産には、高級一眼レフカメラのような備品のほか、パソコン、機械、自動車、建物や土地などがあります。

それでは、購入した高級一眼レフカメラを①お金箱（資産）に入れるシーンをイメージしましょう。

表示カウンターは、「備品　500,000」となります。

■ <ruby>未払金<rt>みばらいきん</rt></ruby>

購入した高級一眼レフカメラは、クレジットカードで支払いました。**「クレジットカードで支払う」**ことは、**「代金を後払いにする」**ということになります。つまり、後から**お金の支払いが発生するため、借金と同じ扱いとなり、「負債」**になります。

将来支払うべき借金（負債）は、忘れずに把握しておく必要があるため、正確に記録することが大切です。そこで、クレジットカードのレシートを②借金箱（負債）に入れます。

代金を後払いにしたときは、「未払金」という専門用語を使います。表示カウンターは、「未払金　500,000」となります。

収益
しゅうえき

企業からの案件に対し、あなたは動画を作成して納品しました。

【取引（D）】受注した企業案件の動画を納品し、代金300万円の請求書を送付した。代金は納品後、翌月末払いの契約になっている。

　この取引を箱に入れてみましょう。この取引で、売上が300万円増えました。

　会社の営業活動には、**利益をもたらす「収益」と、利益を減らす「費用」の2種類があります**。会社の財産に、プラスの財産である資産と、マイナスの財産である負債があるのと同じようなイメージです。**会社の財産でいうと、資産と負債。会社の営業活動でいうと、収益と費用**になります。

　あなたの会社が受注した動画を納品するという取引は、会社に利益をもたらす取引となるため、収益になります。③売上箱に収益と書かれているのは、このためです。そして、**収益の代表例が売上**になります。商品を販売して得た利益のことを一般的にも「売上」といいますが、**簿記での記録も「売上」という名称を用います**。

　では、発行した請求書を③売上箱（収益）に入れるシーンをイメー

ジしてみましょう。

　表示カウンターは、「売上　3,000,000」となります。

■ 売掛金
うりかけきん

　ここで取引 (D) の内容をもう一度見てみましょう。

【取引 (D)】受注した企業案件の動画を納品し、代金300万円の請求書を送付した。代金は納品後、翌月末払いの契約になっている。

　動画は納品済みですが、請求書を発行しただけで、代金は翌月末入金になります。要するに代金は後から貰う契約になっているのです。これって高級一眼レフカメラをクレジットカードで買ったときと似ていませんか。

　代金の後払いは、負債としてクレジットカードのレシートを②借金箱（負債）に入れました。これは**将来的にお金を支払わなければならない**、ということを正しく記録するためです。

　ということは、売上代金の後回収についても、「将来的にいくらお金が入ってくるのか」が分かるように、言い換えると「まだ支払ってもらっていないお金がいくらあるのか」を忘れないために、正確に記録する必要があります。

　これは、会社にとって一番正確性が求められる内容だと言っても過言ではないと思います。**売上の代金を後から貰う権利のことを専門用語で「売掛金」といいます。**

　将来的に**お金が増えるわけですから、会社のプラスの財産（資産）になります**。そこで、コピーした請求書を①お金箱（資産）に入れるシーンをイメージをしてください。

　表示カウンターは、「売掛金　3,000,000」となります。

《債権と債務》

相手にお金を請求する権利があることを、法律用語で「債権」といいます。そのため売掛金は、債権の一種になります。

逆に、高級一眼レフカメラをクレジットで買ったときのように、相手からお金を請求されることを「債務」といいます。

未払金は、債務の一種になります。

■ 売掛金の入金

　翌月になり、先ほどの請求書の支払期日が来ました。

【取引（E）】動画の納入相手から、売掛金300万円が普通預金に振り込まれた。

　この取引を箱に入れてみましょう。普通預金については、すぐに

イメージできますよね。

　普通預金が300万円増えているので、記帳した通帳を①お金箱(資産)に入れます。

　表示カウンターは、「普通預金　3,000,000」となります。

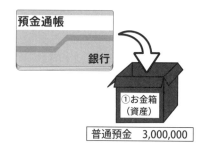

普通預金　3,000,000

　ここで忘れてはいけない注意点が一つ。**先月発行した請求書の代金が入金されたため、売掛金として記録しておく必要がなくなりました**。つまり、①お金箱(資産)に入れておいた請求書を取り出す必要があります。①お金箱(資産)から、300万円の請求書を取り出すシーンをイメージしてください。

　表示カウンターは、「売掛金　△3,000,000」となります(会計では△は慣習的にマイナスとして使われる)。このように記録することで、この取引の売掛金は残っていないことがわかります。

売掛金　△3,000,000

　ここで、第1章で説明した簿記のルールというか、癖を思い出してください。欧米で生まれ育った簿記会計は、欧米人的発想で組み

立てられていましたよね。その一つが、「**なるべく引き算はしない**」でした。前ページのイメージ図には「売掛金　△ 3,000,000」という表示があります。△はマイナスを意味する引き算ですが、簿記では引き算を使いたくないため、この表示は使用しません。

　ではどうするか？　それは次章で解説します。ここではそのままにしておきましょう。

■ 費用

　資金的に余裕ができたあなたは、バイトを 1 名雇うことにしました。給料は月末払いです。給料のように**事業を行う上でかかるコストのことを、専門用語で「費用」**といいます。コストである費用が発生すると、その分だけ利益が減ります。給料以外には、家賃、通信費、広告宣伝費、交際費などもすべて費用になります。

【取引 (F)】今月分のバイト代 8 万円を普通預金の口座から振り込んだ。

　この取引を箱に入れてみましょう。バイトに支払った給料明細書を、**④コスト箱 (費用)** に入れます。また**費用を支払ったときは、どんなコストをかけたのかがわかるように「給料」などの内容を示す名称を表示します**。そのため、④コスト箱 (費用) には「給料 80,000」と表示されます。

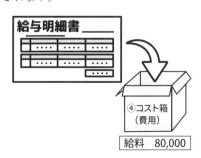

■ 資産の減少

　取引 (F) では普通預金が 8 万円減っているため、これも箱に入れて管理します。預金の増減になるので、①お金箱 (資産) に入れることになります。**普通預金が減少しているため、表示カウンターは「普通預金　△ 80,000」になります**。簿記ではマイナスを使わないのがルールですから、この表記は正しくありませんが、次章で説明しますので、ここでも気にせず先に進みましょう。

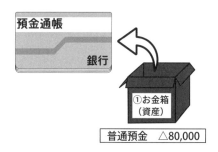

■ 収益と費用

　会社の財産は、**プラスの財産である資産**と**マイナスの財産である負債**に分類されました (P18 参照)。また会社の営業活動についても、**利益をもたらす収益**と**利益を減らす費用**に分類しました(P21 参照)。この 4 つの区分が、「基本の 4 つの箱」になるのです。

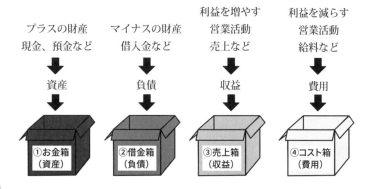

■ 仕入
しいれ

　企業案件も増え、安定収入が見込めるようになったため、あなたは会社のアピール商材として、Tシャツを販売することにしました。

　そこで専門の業者に、1枚500円のTシャツを200枚、合計10万円分注文しました。これを1枚900円で販売する予定です。

【取引（G）】販売用のTシャツを10万円分（単価500円×200枚）注文し、商品が納品書・請求書とともに送られてきた。代金は翌月払いである。

　この取引を箱に入れてみましょう。

「Tシャツを10万円分購入した」という取引は、会社の利益を減らすためのコストです。業者からTシャツと一緒に送られてきた**納品書・請求書を④コスト箱（費用）に入れます**。納品書とは、納品された商品の明細書のことです。

　　販売用の商品を購入するという取引には、「**仕入**」という専門用語を使います。

　表示カウンターは、「**仕入　100,000**」となります。

■ 買掛金
<small>かいかけきん</small>

取引 (G) には、もう一つ箱に入れなければならないものがあります。それは何だと思いますか？

Tシャツの仕入代金 (仕入れた商品の購入代金) が翌月末払いのため、まだお金は支払っていないですよね。

来月末の支払いを忘れてしまっては大変です。箱に入れて、記録しておきましょう。後払いには「未払金」という専門用語がありました (P21 参照) が、今回は未払金は使いません。

ここでは、**仕入代金の後払い専用に割り当てられた「買掛金」**という専門用語を用います。仕入は非常に重要な取引のため、他の未払いの費用と区別して専用に管理する必要があるからです。

ただ、呼び名が違うだけで考え方は一緒です。**コピーした請求書を②借金箱 (負債) に入れましょう**。買掛金も後からお金を支払わなければならないため、借金と同じ扱いになります。

表示カウンターは、「買掛金　100,000」となります。

28

第 3 章

箱を 2 つ並べる

イメージトレーニング

■ 箱を２つ並べる

前章の最後に扱った取引 (G) を、もう一度見てみましょう。

【取引 (G)】販売用のTシャツを10万円分（単価500円×200枚）注文し、商品が納品書・請求書とともに送られてきた。代金は翌月払いである。

この取引では、同じ請求書を④コスト箱（費用）と、②借金箱（負債）という２つの箱に入れました。

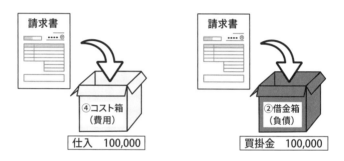

一つの取引で同じ請求書を２つの箱に入れるわけですから、『２つの箱に入れたよ』ということが、常にわかっていないと困りますよね。しかし、④コスト箱（費用）に入れた請求書を見ただけでは、これが買掛金として正しく管理されているかどうかはわかりません。同様に、②借金箱（負債）に入れた請求書を見ただけでは、費用として正しく管理されているかどうかわかりません。

そこで、簿記最大のルールが登場します。

２つの箱を左右に並べて使え！

４つの箱は一つ一つ使うのではなく、必ず**２つの箱を左右に並べて使う**ことが、非常に重要なポイントになります。

　先ほどの取引 (G) も、④コスト箱 (費用) と②借金箱 (負債) の 2 つの箱を左右に並べます。並べ方ですが、「**コストが増加したときは、④コスト箱 (費用) を左に置く**」と覚えてください。②借金箱 (負債) は、必然的に残っている右に置くことになります。

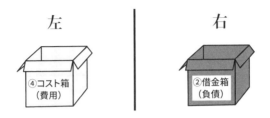

　左右に箱を並べた上で、取引 (G) の請求書を 2 つの箱に入れます。

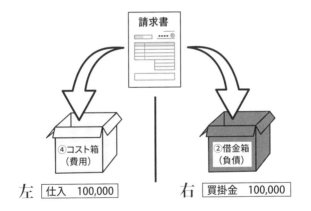

■ 借方と貸方

　箱を「左に置く」「右に置く」という言葉にも、次のような簿記の専門用語があります。

左＝「借方」　　右＝「貸方」

なぜ、「借方」や「貸方」と呼ぶのかについては、気にしないでください。会計で借方や貸方という言葉が登場すると、「お金の貸し借り」と関連付けてしまいがちですが、関係ありません。**左のことを英語で Left と呼ぶのと同じように、簿記では左のことを借方と呼ぶ**と、覚えてくれれば充分です。

この借方と貸方を使って、さきほどの取引 (G) を図にすると、次のようになります。

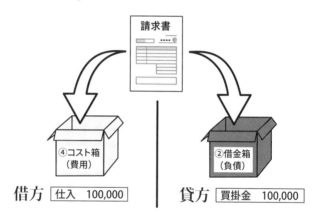

では、これまで登場した取引はどのように箱を並べるのでしょうか。もう一度取引 (B) から振り返ってみたいと思います。
「あれ？　取引 (A) は？　なぜ取引 (A) からじゃないの？」と思いましたか？　その理由は第 7 章で説明します。

■ 資産と負債の増加　その１

【取引 (B)】銀行から 100 万円を借りたため、お金が普通預金の口座に振り込まれた。銀行とは金銭消費貸借契約書を締結している。

　普通預金に、銀行から借りたお金が振り込まれたという取引です。この取引にも、①お金箱（資産）と②借金箱（負債）の2つの箱を使いました。

　2つの箱を借方（左）と貸方（右）のどちらに並べたらいいのかというルールについて、先ほどは「**コストが増えたら④コスト箱（費用）を借方（左）に並べる**」といいました。

　これと同じように、「**現預金などの資産が増えたときは、①お金箱（資産）を借方（左）に並べる**」というルールがあります。これは、箱の置き方の最も基本となるルールのため、もう一度書いておきます。

現預金が増えたら、
お金箱（資産）は借方（左）に置け！

　もう一つの箱である②借金箱（負債）は、残っている反対側の貸方（右）に並べることになります。

　下の図を見て、頭の中でイメージしてください。

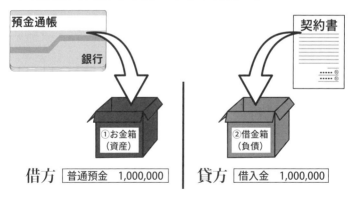

| 借方 | 普通預金　1,000,000 | 貸方 | 借入金　1,000,000 |

　このように並べると、なんだかわかりやすくないですか？　第2章では一つの箱を単独で置いていたため、①お金箱（資産）を見れば、「普通預金が100万円増えた」ということまではわかりますが、「なぜ増えたのか」まではわかりませんでした。

同じように、②借金箱（負債）の箱を見れば、「銀行からの借入が100万円増えた」ことまではわかりますが、「現金で受け取ったのか、普通預金に振り込まれたのか」まではわかりません。

それが、2つの箱を借方と貸方、つまり左右に並べることで、わかってしまうのです。

借方（左）の①お金箱（資産）を見れば普通預金が100万円増えたことがわかり、増えた原因も貸方（右）の②借金箱（負債）に入っている契約書（借用書）を見ればわかるわけです。

要するに、<u>**箱を左右に並べるのは、取引の関連性を一目でわかるようにするため**</u>なのです。

物事には必ず原因と結果があります。企業活動の取引にも、必ず原因と結果があり、だからこそ<u>**2つの箱を左右に並べることで、原因と結果を記録しようとしたのが『簿記』**</u>なのです。

簿記のことを複式簿記と呼ぶのは、2つの箱を左右に並べることからきています。

■ 資産と負債の増加　その2

次に取引（C）を振り返ってみましょう。

【取引（C）】家電量販店で50万円の高級一眼レフカメラを購入し、代金はクレジットカードで支払った。

こちらも取引（B）と同様、①お金箱（資産）、②借金箱（負債）の2つの箱を使います。もうお分かりですよね。

「<u>**現預金が増えたら、箱は借方（左）に置け！**</u>」です。

現預金は、会計の専門用語で<u>**資産**</u>です。また、高級一眼レフカメラのようなリセールバリューがあるものも備品という資産でした。そのため、現預金が増えたときと同じルールが適用され、<u>**①お金箱（資産）を借方（左）**</u>に置きます。残っている<u>**②借金箱（負債）は貸方（右）**</u>

に置かれることになります。

　そして、代金の後払いは未払金でしたね。下図を見て、左右に置かれた2つの箱をイメージしてください！

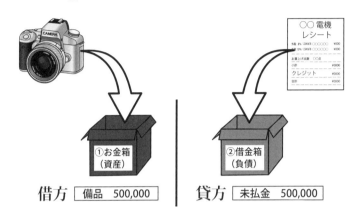

借方 | 備品　500,000 　　　貸方 | 未払金　500,000

■ 資産と収益の増加

　次は、売上に関する取引（D）について、2つの箱の置き方を考えてみましょう。

【取引（D）】受注していた企業案件の動画を納品し、代金300万円の請求書を送付した。代金は納品後、翌月末払いの契約になっている。

　売上を仕訳するため、請求書を③売上箱（収益）に入れました。ただ代金が未回収のため、売掛金で管理する必要があります。そこで、①お金箱（資産）にも請求書を入れました。
　ここでも2つの箱を使ったことになります。<u>売上という収益が原因となり、売掛金という資産が増えたという結果をもたらしたから</u>です。
　ではこの2つの箱を並べたいと思います。

もう難しくはありませんよね。箱の並べ方の基本原則を抑えておけば、イメージできるはずです。

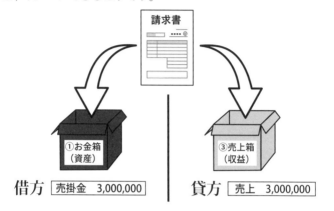

売掛金は、相手からお金をもらえる権利なので資産になります。現預金と同じ資産が増えたわけですから、**①お金箱（資産）は借方（左）に置きます**。

結果、残りの③売上箱（収益）は、反対側の貸方（右）に並べます。これも覚えておくと今後役にたつので、もう一度書いておきます。**「売上が増加したときは、③売上箱（収益）を貸方（右）に置け！」**

■ 減少の記録法

第2章の取引（E）では、△を使ってマイナスの表示をしていましたが、ここでは△を使わない本来の記録法を紹介します。

【取引（E）】動画の納入相手から売掛金300万円が普通預金に振り込まれた。

この取引は売掛金の回収になります。普通預金が300万円増えたため、①お金箱（資産）に通帳を入れます。**資産が増えたので、①お金箱（資産）を借方（左）に置く**ところまでは大丈夫ですよね。

　第2章では、同じく資産である売掛金が回収（普通預金に振り込まれた）されてなくなった（減少した）ため、「請求書を箱から取り出し、表示カウンターは△で表示する」という説明でした（P23参照）。

　しかし欧米で生まれた簿記は、なるべく引き算をしない、つまり△を使わない仕組みになっているという話もしました。そのため、**売掛金が300万円減少したという取引を、「売掛金　△3,000,000」と、△を使って記録するようなことはしません！**

　ではどうするのか？　現預金などの資産が増えたときは、①お金箱(資産)を借方(左)に置きました。増えたら借方(左)に置いたということは……減ったときは……そうです！　反対の貸方(右)に置けばいいだけのことです。何も難しいことはありません。

プラスが左なら、マイナスは右！

　ここまで説明してきた、2つの箱を左右に並べる意味がはっきりとわかってきましたね。簿記では、**左右が入れ替わると、増加と減少が逆になる**ことを意味します。現預金などの**資産は増えたら左、減ったら右**に置きます。逆に、借入金などの**負債は増えたら右、減ったら左**に置けばいいのです。

　取引（E）を箱に入れて記録すると、次のようになります。

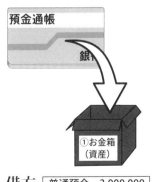

借方　普通預金　3,000,000　　　貸方　売掛金　3,000,000

表示カウンターに「△」はつきません。**貸方（右）に売掛金という資産箱を置いたことで、資産が減少したことがわかる**からです。

複式簿記は、いたってシンプルな記録法

P37の図では、①お金箱（資産）が２つ並んでいたので変に思われたかもしれませんが、**普通預金が増加したことを記録するために①お金箱（資産）を借方（左）に置いて通帳を入れ、売掛金が減ったことを記録するために①お金箱（資産）を貸方（右）に置いて請求書を取り出した**、と考えてください。

■ 費用の増加と資産の減少

「資産の減少は、①お金箱（資産）を貸方（右）に置くことで記録する」ということを学びました。勘の良い方なら、費用の支払いにおける２つの箱の置き方についても、察しがついたのではないでしょうか。

【取引（F）】今月分のバイト代８万円を普通預金の口座から振り込んだ。

「普通預金の資産が減少している」ということは、①お金箱（資産）は貸方（右）に置きます。そして、④コスト箱（費用）は必然的に反対側の借方（左）になります。

取引（F）は給料という営業上のコスト、つまり費用の支払いになるため、**コストが増加したときは④コスト箱（費用）を借方（左）に置く**（P31参照）との整合性もとれているわけです。

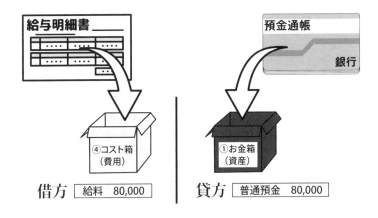

借方 | 給料 80,000

貸方 | 普通預金 80,000

■ 負債の減少と資産の増加

　取引 (B) 〜 (G) を事例に、2つの箱の置き方を学んできました。ここで新たな取引 (H) を、2つの箱に入れてみましょう。

　あなたの動画制作会社は順調に売上を伸ばし、資金に余裕ができたため、銀行からの借入金を期日前に返済 (早期返済) することにしました。

【取引 (H)】銀行からの借入金100万円を全額、普通預金から返済した。

　借入金を<u>全額返済したので、借入金の残高はゼロになりました。</u>つまり減少です。同時に、普通預金も 100 万円減ってしまいました。
　使用する箱は、①お金箱 (資産) と②借金箱 (負債) ですが、どのように並べて、何を入れればいいかイメージしてください。

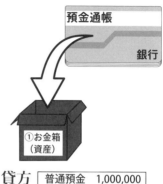

借方 | 借入金　1,000,000 | 貸方 | 普通預金　1,000,000

　まず、普通預金が減っているため、基本のルール通り①お金箱（資産）を貸方（右）に置きます。そしてここに通帳を入れます。

　通帳には100万円の引き出しが記帳されているため、表示カウンターは、「普通預金　1,000,000」となります。

　そして、反対の借方（左）に②借金箱（負債）を置きます。

　借入金が増加したとき、②借金箱（負債）を貸方（右）に置きました。したがって、借入金が減少したときは、逆の借方（左）に置くということです。

　借方（左）に置いた②借金箱（負債）から、借入金の契約書（借用書）を取り出します。借入金を返済したため、借入金の残高がゼロになった＝契約書（借用書）が必要なくなったからです。

MEMO

《契約書（借用書）を箱から取り出すとは？》
「取引（H）で借入金を完済したため、契約書（借用書）を箱から取り出す」と表現しましたが、実際は完済したとしても契約書（借用書）を破棄することはしません。ファイリングして、重要な書類として保管するはずです。本書は頭の中のイメージトレーニングとして、減少をそのような言葉で表現しているだけにすぎません。

■ 箱の置き方のまとめ

取引 (B) 〜 (G) までの箱の置き方をまとめてみましょう。

(B) 銀行から100万円を借りたため、お金が普通預金の口座に振り込まれた。銀行とは金銭消費貸借契約書を締結している。

[資産の増加と負債の増加]

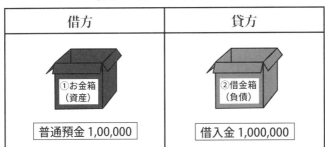

(C) 家電量販店で50万円の高級一眼レフカメラを購入し、代金はクレジットカードで支払った。

[資産の増加と負債の増加]

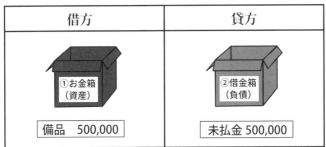

(D) 受注していた企業案件の動画を納品し、代金300万円の請求書を送付した。代金は納品後、翌月末払いの契約になっている。

[資産の増加と収益の増加]

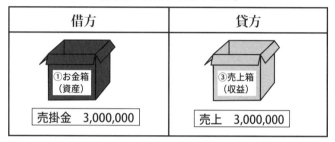

(E) 動画の納入相手から売掛金300万円が普通預金に振り込まれた。

[資産の増加と資産の減少]

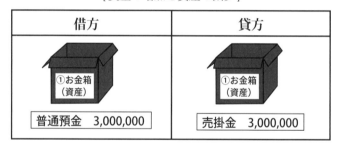

(F) 今月分のバイト代8万円を普通預金の口座から振り込んだ。

[費用の増加と資産の減少]

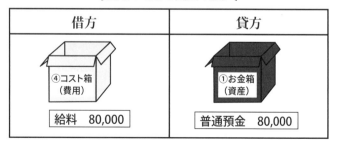

(G) 販売用のTシャツを10万円分（単価500円×200枚）注文し、商品が納品書・請求書とともに送られてきた。代金は翌月払いである。

[費用の増加と負債の増加]

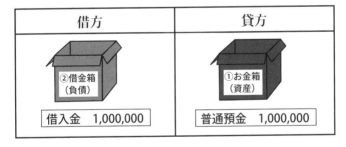

(H) 銀行からの借入金100万円を全額、普通預金から返済した。

[負債の減少と資産の減少]

　箱の置き方のルールを、次のページにまとめました。見て分かるように、**簿記は4つの箱を借方か貸方（左か右）のどちらに置くかの組み合わせにより、取引を記録する手法**になります。
　左右2つの場所と4つの箱を巧みに組み合わせることで、どのような取引も記録することができます。

借方	貸方

1. 資産が増えるときは、①お金箱 (資産) を借方 (左) に置く

2. 資産が減少するときは、①お金箱 (資産) を貸方 (右) に置く

3. 負債が増えるときは、②借金箱 (負債) を貸方 (右) に置く

4. 負債が減少するときは、②借金箱 (負債) を借方 (左) に置く

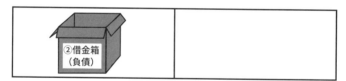

5. 収益が増えるときは③売上箱 (収益) を貸方 (右) に置く

6. 費用が増加するときは④コスト箱 (費用) を借方 (左) に置く

第4章

実務でよくある取引を
2つの箱に入れてみよう

■ 仕訳と勘定科目

前章までは、請求書や契約書を箱に入れるイメージトレーニングをしてきました。本章からは、表示カウンターに注目したいと思います。たとえば、取引 (B) では表示カウンターは次のように表示されていました。

【取引 (B)】銀行から 100 万円を借りたため、お金が普通預金の口座に振り込まれた。銀行とは金銭消費貸借契約書を締結している。

借方	貸方
①お金箱 （資産）	②借金箱 （負債）
表示カウンター	
普通預金　　1,000,000	借入金　　1,000,000

上の表から、箱のイメージを削除するとこうなります。

借方	貸方
普通預金　　1,000,000	借入金　　1,000,000

そして、まさにこの形が、**簿記における「仕訳」と呼ばれる記録フォーマット**になります。仕訳というのは、今まで皆さんがトレーニングしてきた箱を省略した形式だと考えてください。

ちなみに、普通預金や借入金などの名称のことを会計の専門用語で「勘定科目」といいます。**勘定科目と金額を、借方と貸方という左右に区分された表に入力していく、というのが簿記の記録手法な**のです。表計算ソフトの入力に似ていると、私は思っています。
　また、「**どの勘定科目が、4 つの箱のどれに入るのか」は、決まっ**

ています。たとえば勘定科目の普通預金は、会社にとってプラスの資産になるため必ず①お金箱（資産）に入ります。マイナスの資産である勘定科目の借入金は負債のため、必ず②借金箱（負債）に入ります。ですから箱を省略しても、勘定科目さえ正しく記録すれば問題ないのです。

　では仕訳の記録フォーマットで、取引（B）〜（G）を表示してみましょう。

	借方		貸方	
	勘定科目	金額	勘定科目	金額
B	普通預金	1,000,000	借入金	1,000,000
C	備品	500,000	未払金	500,000
D	売掛金	3,000,000	売上	3,000,000
E	普通預金	3,000,000	売掛金	3,000,000
F	給料	80,000	普通預金	80,000
G	仕入	100,000	買掛金	100,000
H	借入金	1,000,000	普通預金	1,000,000

　とてもシンプルな表に仕上がりましたね。このように仕訳はシンプルすぎるが故に、複式簿記のルールを知らないと、逆に意味が分かりづらいという面があるほどです。

　しかし、箱に入れるイメージトレーニングで鍛えてきたあなたなら、理解するのは容易なはずです。

■ 仕訳が2行になるケース

　ここでは、少し応用的な取引についても学んでおきましょう。

　あなたが制作したTシャツですが、デザインが良かったからか、好調に売上を伸ばしています。大手ネットショップで販売を行っていますが、そのサイトからは月ごとに売上報告書が送られてきます。

【取引 (I)】1ヶ月間で全てのTシャツが完売したため、売上金額は180,000円 (単価900円×200枚) であった。手数料8,000円を差し引かれた残りの代金172,000円は、翌月末にネットショップから振り込まれる。

　売上金額は翌月末入金になるため、売掛金という資産が増加しています。ネットショップからの売上報告書を①お金箱 (資産) に入れましょう。資産の増加は借方 (左) ですか、貸方 (右) ですか？
　商品の販売は売上です。売上が増えているので、管理するためにコピーした売上報告書を③売上箱 (収益) にも入れておきましょう。収益の増加は借方 (左) ですか、貸方 (右) ですか？

[イメージトレーニング]

借方	貸方
 売掛金　172,000	売上　180,000

[仕訳]

借方		貸方	
勘定科目	金額	勘定科目	金額
売掛金	172,000	売上	180,000

　売上と売掛金だけを仕訳するとこのようになりますが、この仕訳、何か変だと思いませんか？　借方と貸方で金額が違っています。

　差額の原因は、ネットショップサイトの手数料8,000円です。

　1つの仕訳は、1つの取引を記録したものになります。それなのに、借方と貸方で金額が違うことが、あり得るのでしょうか？

　そもそも**1つの取引に対し、2つの箱を用意して記録保管するのは、原因と結果があるから**です。「売上という1つの取引が原因となり、売掛金が増えたという結果をもたらした」というのが取引 (I) です。そうなると、2つの箱、つまり**借方と貸方で金額が異なることはあり得ません**。

　では、手数料8,000円をどうすればいいのでしょうか？

　販売手数料は、営業活動のコストになるため、④コスト箱 (費用) に入れる取引です。**費用の増加は④コスト箱 (費用) を借方 (左) に置く**でした。しかし借方には既に、①お金箱 (資産) が置かれています。もう箱を置く場所はありません。

　でも大丈夫！

　実は、**借方 (左) や貸方 (右) には、2個以上の箱を置くことができます**。借方 (左) と貸方 (右) で、箱に入れた金額の合計額が一致していれば、借方 (左) と貸方 (右) に複数の箱を置いても問題ありません。

　取引 (I) では、貸方 (右) に180,000円という金額が入っていますが、借方 (左) には172,000円しか入っていません。

　そこで金額が足りない借方 (左) に、2つめの箱として④コスト箱 (費用) を置いてあげればいいのです。

　手数料には、「支払手数料」という勘定科目を使います。

　借方 (左) に2つの箱を置くことで合計額は「172,000円 ＋ 8,000円＝ 180,000円」となり、貸方 (右) の金額と一致しました。

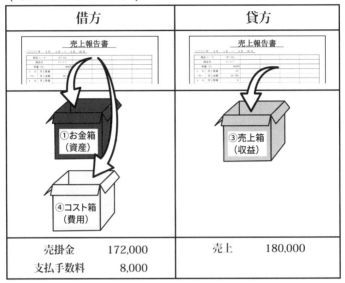

借方		貸方	
売掛金	172,000	売上	180,000
支払手数料	8,000		

[仕訳]

借方		貸方	
勘定科目	金額	勘定科目	金額
売掛金	172,000	売上	180,000
支払手数料	8,000		

■ 売掛金の入金

取引 (I) の翌月となり、売掛金が入金されました。

【取引 (J)】(I) の売掛金172,000がネットショップより普通預金に振り込まれた。

普通預金が増えているため、①お金箱 (資産) に通帳を入れます。

資産の増加は、借方（左）ですか、貸方（右）ですか？

　また、振り込まれた分だけ売掛金が減っています。①お金箱（資産）に入っていた売上報告書を取り出しましょう。これにより「資産が減少」しました。資産の減少は借方（左）ですか、貸方（右）ですか？

[イメージトレーニング]

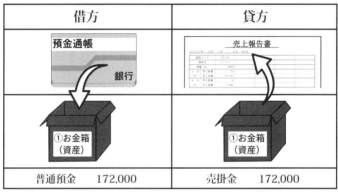

借方	貸方
普通預金　　172,000	売掛金　　172,000

[仕訳]

借方		貸方	
勘定科目	金額	勘定科目	金額
普通預金	172,000	売掛金	172,000

■ 売上と売掛金

　動画のクオリティの高さに目をつけた大企業が、あなたの会社に大型案件を持ち込みました。

【取引（K）】大型の企業案件として受注していた5,000,000円の動画を相手方に納入し、請求書を送付した。代金は半額が翌月末払い、残りの半額が翌々月払いの契約になっている。

51

この取引については、箱のイメージトレーニングがなくても、仕訳が思いついたのではないでしょうか。

発行した請求書の代金は翌月末と翌々月末にはもらえるため、売掛金という資産が増加しています。請求書を①お金箱 (資産) に入れましょう。資産の増加は、左右どちらでしたか？

商品の販売は売上です。売上を管理するために、コピーした請求書を③売上箱 (収益) に入れましょう。収益の増加は、借方 (左) ですか、貸方 (右) ですか？

[イメージトレーニング]

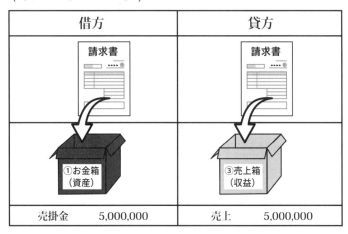

借方	貸方
①お金箱（資産）	③売上箱（収益）
売掛金　　5,000,000	売上　　5,000,000

[仕訳]

借方		貸方	
勘定科目	金額	勘定科目	金額
売掛金	5,000,000	売上	5,000,000

■ 普通預金からの引き出し

　取引 (K) の売掛金が普通預金に入金されました。預金残高が増えたため、現金を引き出して日々の経費などに使うことにしました。

【取引 (L)】売掛金5,000,000円のうち半額の2,500,000円が支払期日となり、普通預金に振り込まれた。

【取引 (M)】普通預金から現金400,000円を現金で引き出した。

　取引 (L) は普通預金が増え、その分の売掛金が減ることになります。普通預金は資産ですよね。売掛金も資産です。ある資産が増え、別の資産が減るという取引になります。

　取引 (M) は現金が増え、その分の普通預金が減ることになります。取引 (L) と同様、ある資産が減り、別の資産が増える取引です。

【(L)：イメージトレーニング】

借方	貸方
預金通帳　銀行	請求書
①お金箱 （資産）	①お金箱 （資産）
普通預金　　2,500,000	売掛金　　2,500,000

【(L)：仕訳】

借方		貸方	
勘定科目	金額	勘定科目	金額
普通預金	2,500,000	売掛金	2,500,000

【(M)：イメージトレーニング】

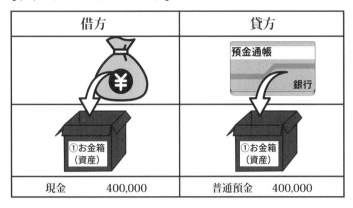

借方		貸方	
現金　　　400,000		普通預金　　　400,000	

【(M)：仕訳】

借方		貸方	
勘定科目	金額	勘定科目	金額
現金	400,000	普通預金	400,000

■ 仕入と買掛金

今回は、仕入取引についてのトレーニングです。

Tシャツの在庫がなくなったため、あなたは追加発注をしました。販売目的の商品の購入は、仕入の取引でしたね。

【取引 (N)】販売用のTシャツを300,000円分（単価500×600枚）追加注文し、商品が届いた。代金は翌月末払いの契約になっている。

販売用商品の仕入は、④コスト箱になります。費用の増加は借方（左）ですか、貸方（右）ですか？

代金は翌月末払いのため、期日が来たらお金を支払わなければな

りません。これは借入金と同じ負債です。管理するためにコピーした請求書を、②借金箱にも入れておきましょう。負債の増加は借方(左)ですか、貸方(右)ですか？

[イメージトレーニング]

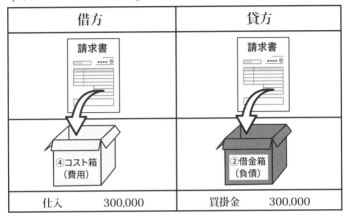

借方	貸方
④コスト箱（費用）	②借金箱（負債）
仕入　　300,000	買掛金　　300,000

[仕訳]

借方		貸方	
勘定科目	金額	勘定科目	金額
仕入	300,000	買掛金	300,000

MEMO

買掛金を普通預金から振り込みで支払ったときの仕訳を考えてみましょう。負債の減少となり、次のようになります。

借方		貸方	
勘定科目	金額	勘定科目	金額
買掛金	300,000	普通預金	300,000

■ 交際費

　費用に関する勘定科目についてもトレーニングしておきましょう。取引会社が増え、クライアントとの会食が多くなってきました。
　会社のお金を使って接待する「交際費」になります。

【取引 (O)】取引先と銀座の高級寿司屋で会食をした。
代金の 98,000 円を現金で支払い、手書きの領収書をもらった。

　交際費は、営業のために使うお金ですから「費用」です。**勘定科目は「交際費」**になります。早速、④コスト箱 (費用) に領収書を入れましょう。費用の増加は借方 (左) ですか、貸方 (右) ですか？
　交際費を使った分だけ現金が減っています。①お金箱 (資産) から取り出しましょう。つまり資産の減少です。資産の減少は借方 (左) ですか、貸方 (右) ですか？

[イメージトレーニング]

借方	貸方
④コスト箱 (費用)	①お金箱 (資産)
交際費　　98,000	現金　　98,000

[仕訳]

借方		貸方	
勘定科目	金額	勘定科目	金額
交際費	98,000	現金	98,000

MEMO

お店で、手書きの領収書を要求している方を見かけますが、レシートと手書きの領収書では、何が違うのでしょうか？　実は、どちらも税務上の証拠書類として認められています。
しかも消費税に令和 5 年から採用されるインボイス制度では、手書きの領収書に記載する事項が増えるなど逆に面倒だったりします。

■ 給料と預り金と法定福利費

　ここでもう一つ、応用的な取引のトレーニングをしておきましょう。従業員を雇ったら、必ず出てくる給料の取引になります。

　あなたは従業員を 1 名雇いました。これにより、給料の支払いが発生するわけですが、給料の支払いには面倒なことが 2 つあります。

- **給料から税金である所得税を控除しなければなりません**。従業員には税金分を控除した額を支払い、控除した税金は会社が後から国に納めるのです。これを「**源泉所得税**」といいます。
- **人を雇うと、社会保険に加入しなければなりません**。厚生年金や健康保険、雇用保険などです。これら社会保険料の従業員負担分を、給料の支払時に控除し、後から会社が国に支払います。

　上記 2 つは、どちらも給料から控除したお金を、後から会社が国に納めるものです。そのため、**給料を支払うときの記録として、控除した額のお金を一時的に会社が預かり、処理する**必要があります。

　お金を一時的に預かり、後で支払うため、借金と似ています。このため仕訳では借入金と同じ②借金箱（負債）を用います。

　勘定科目ですが、**源泉所得税は「所得税預り金」、社会保険料は「社会保険料預り金」**を用いるのが基本です。

　簡便的に「預り金」という勘定科目で、両方を処理するケースもあります。本書では簡便的な「預り金」を用いた処理を示します。源泉

所得税や社会保険料などの額は「給与明細」で確認できます。

【取引（P）】給料200,000円から源泉所得税4,000円、社会保険料21,000円を控除した残り175,000円を、従業員に現金で渡した。

　従業員に給料として払っている額は175,000円ですが、コストとしての給料は、総額の200,000円になります。コストの増加を管理するために、給与明細を④コスト箱（費用）に入れます。費用の増加は借方（左）ですか、貸方（右）ですか？

　現金で渡した金額は、①お金箱（資産）から取り出します。資産の減少は借方（左）ですか、貸方（右）ですか？

　源泉所得税と社会保険料は共に預り金です。国に納める額を管理するため、給与明細を②借金箱（負債）に入れます。負債の増加は借方（左）ですか、貸方（右）ですか？

［イメージトレーニング］

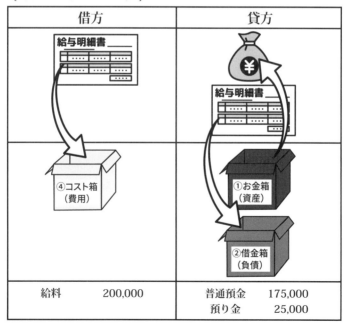

[仕訳]

借方		貸方	
勘定科目	金額	勘定科目	金額
給料	200,000	普通預金	175,000
		預り金	25,000

　もちろん、源泉所得税と社会保険料の預り金を2行に分けて表記しても問題ありません。

預り金　　4,000

預り金　　21,000

MEMO

預り金を国に納めたときは負債の減少となり、仕訳は次のようになります（現金で支払った場合）。

借方		貸方	
勘定科目	金額	勘定科目	金額
預り金	25,000	現金	25,000

■ その他の費用取引

　営業のためのコスト、つまり費用にはたくさんの種類があります。ここでは、よく使われる費用についてまとめておきます。

　<u>費用はすべて増加になるため、④コスト箱（費用）に入れ、仕訳では借方（左）に置きます</u>。またコストを支払っている分、<u>必ず現預金などの資産が減少するか、未払金などの負債が増加します</u>。

【取引（Q）】月末になり、普通預金からの費用の引き落としが3件あった。スマホ使用料 8,000円、事務所賃料 76,000円、通販で購入したカメラ用SDカード 33,000円である。

勘定科目ですが、スマホ使用料は「通信費」、事務所の賃料は「家賃」、SDカードのような少額の物品の購入は「消耗品費」を使います。

だいぶ慣れてきたと思うので、イメージトレーニングは省略し、仕訳だけを載せたいと思います。

[仕訳]

借方		貸方	
勘定科目	金額	勘定科目	金額
通信費	8,000	普通預金	8,000
家賃	76,000	普通預金	76,000
消耗品費	33,000	普通預金	33,000

【取引（R）】動画の編集を別の会社に外注し、代金190,000円は翌々月末払いにしてもらった。

業務を<u>外部の会社に委託したときは、「外注費」という費用の勘定科目を使います</u>。

[仕訳]

借方		貸方	
勘定科目	金額	勘定科目	金額
外注費	190,000	未払金	190,000

MEMO

取引（R）の未払金を支払ったときは、負債が減少するため、仕訳は次のようになります（普通預金からの振り込み）。

借方		貸方	
勘定科目	金額	勘定科目	金額
未払金	190,000	普通預金	190,000

■ 借入の条件

　企業案件の依頼が多くなってきたため、編集機材を一新することにしました。そこで再度、銀行から借入しました。銀行からは返済予定表を受け取っています。

【取引（S）】銀行から3,400,000円を借り入れたため、普通預金にお金が振り込まれた。返済条件は、次のように2つに分かれている。3,400,000円のうち1,000,000円は元金と利息（年3％）を合わせた額を2年後に一括で返済する。残りの2,400,000円の返済期間は1年、利息と元本を合わせた202,000円（元金200,000円、利息2,000円）を12回払いで毎月末に返済する。

　今までは契約書（金銭消費貸借契約書）を箱に入れて記録していましたが、契約書には細かい数字が載っていないこともあり、ここでは**銀行から送られてくる返済予定表を、②借金箱（負債）に入れる**ことにします。負債の増加は借方（左）ですか、貸方（右）ですか？
　銀行から借りたお金が、普通預金に振り込まれました。①お金箱（資産）に預金通帳を入れます。資産の増加は借方（左）ですか、貸方（右）ですか？　返済は支払日前のため、ここでは記録しません。

[イメージトレーニング]

借方	貸方
預金通帳　　銀行	借入返済予定表
①お金箱（資産）	②借金箱（負債）
普通預金　　3,400,000	借入金　　3,400,000

借方		貸方	
勘定科目	金額	勘定科目	金額
普通預金	3,400,000	借入金	3,400,000

■ 支払利息

　取引 (S) の借入を実行してから、初めての月末が来ました。毎月の返済分として、元金と利息を支払う必要があります。**支払利息は借入に伴うコストのため費用**になります。**勘定科目は「支払利息」**を使います。

【取引 (T)】銀行からの借入金のうち、毎月返済分について、1回目の支払日がきたため、元金200,000円と利息2,000円の合計202,000円が普通預金から引き落とされた。

　普通預金から引き落とされたため、202,000 円減っています。そこで、①お金箱 (資産) に通帳を入れて記録します。資産の減少は借方 (左) ですか、貸方 (右) ですか？
　預金が減った原因は、元金と利息の支払いです。元金 200,000 円を返済したことで、借入金が減少しています。負債の減少は借方 (左) ですか、貸方 (右) ですか？
　また、利息の支払いも記録しなければなりません。**利息はコスト、つまり費用**です。費用の増加は借方 (左) ですか、貸方 (右) ですか？
　このケースは、借方 (左) が2行になります。

[イメージトレーニング]

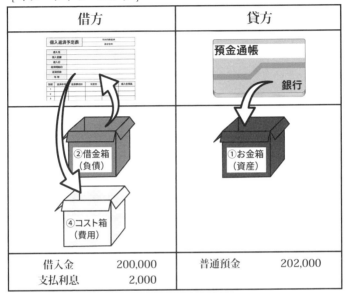

借方		貸方	
借入金	200,000	普通預金	202,000
支払利息	2,000		

[仕訳]

借方		貸方	
勘定科目	金額	勘定科目	金額
借入金	200,000	普通預金	202,000
支払利息	2,000		

第5章

わかりやすく

集計してみる

■ 仕訳帳

ここまで (A) ～ (T) の 20 の取引について、箱に入れるイメージトレーニングを行ってきました。4 つの箱には、たくさんの勘定科目が入っているはずです。そこで、「**仕訳帳**」と呼ばれる仕訳が記入された表を作成してみました。

	借方		貸方	
	勘定科目	金額	勘定科目	金額
A	現金	100,000	？？？	100,000
B	普通預金	1,000,000	借入金	1,000,000
C	備品	500,000	未払金	500,000
D	売掛金	3,000,000	売上	3,000,000
E	普通預金	3,000,000	売掛金	3,000,000
F	給料	80,000	普通預金	80,000
G	仕入	100,000	買掛金	100,000
H	借入金	1,000,000	普通預金	1,000,000
I	売掛金 支払手数料	172,000 8,000	売上	180,000
J	普通預金	172,000	売掛金	172,000
K	売掛金	5,000,000	売上	5,000,000
L	普通預金	2,500,000	売掛金	2,500,000
M	現金	400,000	普通預金	400,000
N	仕入	300,000	買掛金	300,000
O	交際費	98,000	現金	98,000
P	給料	200,000	現金 預り金	175,000 25,000
Q	通信費	8,000	普通預金	8,000
Q	家賃	76,000	普通預金	76,000
Q	消耗品費	33,000	普通預金	33,000
R	外注費	190,000	未払金	190,000
S	普通預金	3,400,000	借入金	3,400,000
T	借入金 支払利息	200,000 2,000	普通預金	202,000

なお、(A) については第 7 章で詳しくトレーニングするため、ここでは貸方 (右) の勘定科目を？？？にしています。

ただこの仕訳帳、普通預金や借入金の残高を知りたくても、瞬時に把握できないと思いませんか？　箱に入れるだけ、仕訳しているだけでは、それぞれの勘定科目の残高まではわからないのです。

■ 総勘定元帳
<ruby>総勘定元帳<rt>そうかんじょうもとちょう</rt></ruby>

　実際の会社の仕訳はもっと量が多いため、売掛金や買掛金、借入金の残高といった重要な情報を知りたくても、仕訳帳を見ただけでは即座に把握できません。そこで仕訳帳とは別に、それぞれの勘定科目について、増減表を作ることにしたのです。**簡単に言えば、勘定科目毎に預金通帳のような増加・減少を記録する表を作るのです。それが「総勘定元帳」です。**

　仕訳帳を元に、売掛金の総勘定元帳を作ると、以下のようになります。**売掛金の総勘定元帳のため、仕訳帳から「売掛金」の項目（D、E、I、J、K、L）だけを抜き出したもの**になります。「摘要」については、次ページで説明するため、ここでは無視してください。

総勘定元帳 売掛金			
摘要	借方金額	貸方金額	残高
D	売上	3,000,000		3,000,000
E	普通預金		3,000,000	0
I	売上	172,000		172,000
J	普通預金		172,000	0
K	売上	5,000,000		5,000,000
L	普通預金		2,500,000	2,500,000

　売掛金は資産のため、増加は借方（左）に書かれます。逆に減少は貸方（右）になります。**総勘定元帳でも、売掛金の増加は借方（左）に金額を書き**（D、I、K）、**減少は貸方（右）に金額を書きます**（E、J、L）。

66

■ 相手勘定
<ruby>相手勘定<rt>あいてかんじょう</rt></ruby>

　総勘定元帳では、一番右に残高が書かれます。**借方（左）の金額は残高にプラスされ、貸方（右）は残高から引かれるのです**。この点は銀行の預金通帳に似ていますが、総勘定元帳には「相手勘定」という項目があります。ここが預金通帳と総勘定元帳の違いになります。

　例えば D の仕訳はこうでした。

	借方		貸方	
	勘定科目	金額	勘定科目	金額
D	売掛金	3,000,000	売上	3,000,000

　これを略して、次のように書くことがあります。

　（D）　　売掛金　3,000,000　／　売　上　3,000,000

　／で区切られた左側が借方で、右側が貸方を表しています。すごくシンプルな形式ですね。この仕訳を売掛金の総勘定元帳に記入したのが下図になります。

総勘定元帳 売掛金			
	摘要	借方金額	貸方金額	残高
D	売上	3,000,000		3,000,000

「摘要」欄に、勘定科目の「売上」が記入されています。
　この「売上」ですが、仕訳では「<ruby>貸借<rt>たいしゃく</rt></ruby>（借方と貸方のこと）」にて、売掛金の逆側に記載されていた勘定科目です。

　（D）　　売掛金　3,000,000　／　売　上　3,000,000

貸借逆側の勘定科目

　つまり摘要欄には、借方なら貸方に、貸方なら借方に記載されていた勘定科目を記入します。これを「**相手勘定**」といいます。

これにより、売掛金の総勘定元帳を見ただけで、3,000,000円の増加理由が「売上」によるものだと、相手勘定から把握できます。

　つまり、**相手勘定を記録することで、勘定科目の金額増減の原因と結果がわかる**のです。とても便利ですね。

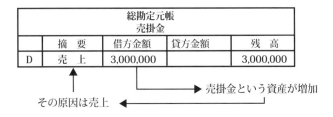

	総勘定元帳 売掛金			
	摘　要	借方金額	貸方金額	残　高
D	売　　上	3,000,000		3,000,000

売掛金という資産が増加

その原因は売上

　では、負債の箱に入れた勘定科目の総勘定元帳は、どうなるでしょうか？　借入金の取引例を仕訳帳から抜粋してみましょう。

(B)	普通預金	1,000,000	／	借入金	1,000,000
(H)	借入金	1,000,000	／	普通預金	1,000,000
(S)	普通預金	3,400,000	／	借入金	3,400,000
(T)	借入金	200,000	／	普通預金	202,000
	支払利息	2,000			

この仕訳をもとに借入金の総勘定元帳を作るとこうなります。

		総勘定元帳 借入金		
	摘要	借方金額	貸方金額	残高
B	普通預金		1,000,000	1,000,000
H	普通預金	1,000,000		0
S	普通預金		3,400,000	3,400,000
T	普通預金	200,000		3,200,000

　(B)と(S)は、**負債である借入金が増加したため、貸方（右）に金額が記録されています**。そして、**借入の結果増えた「普通預金」が相手勘定となり、摘要欄に記録されています**。

　逆に (H) と (T) の**借入金の返済については、負債の減少となり借方 (左) に記録**されています。**相手勘定は返済の結果減った普通預金**になります。

　なお、(T) の仕訳では借方 (左) が 2 行で、貸方 (右) の普通預金の金額も 202,000 円ですが、借入金に関する金額は 200,000 円だけです。このため借入金の総勘定元帳としては 1 行だけになります。

　実務において、総勘定元帳を自分で作ることはありません。会計ソフトがある現代、仕訳さえしてしまえば、総勘定元帳は自動で作成してくれるからです。このため総勘定元帳は作成することより、読めることが重要です。

■ 残高試算表

　売掛金や借入金といった勘定科目ごとの残高は、総勘定元帳があれば把握できました。それなら、この残高を一覧にした表があれば便利だと思いませんか？　それが「**残高試算表**」になります。試算表は英語で Trial Balance のため、T/B と略すことがあります。

　残高試算表は、一般的に毎月末に作成し、それぞれの勘定科目がいくらになっているかを確認するために用います。

　残高試算表は、全ての勘定科目を縦に並べますが、順番は上から

　①お金箱 (資産)
　②借金箱 (負債)
　③売上箱 (収益)
　④コスト箱 (費用)

と、決まっています。

　それでは、今までの (A) 〜 (T) の仕訳を使って、残高試算表を作成してみましょう。金額の集計期間は、1 月 1 日〜 12 月 31 日とします。

尚、現金の残高は期中で仕訳した増減の他に、一番初めに元手として用意した 10 万円があるため、227,000 円になります。

残高試算表

×1 年 1 月 1 日～ ×1 年 12 月 31 日

	勘定科目	借方	貸方
①お金箱 (資産)	現金	227,000	
	普通預金	8,273,000	
	売掛金	2,500,000	
	備品	500,000	
②借金箱 (負債)	買掛金		400,000
	借入金		3,200,000
	未払金		690,000
	預り金		25,000
③売上箱 (収益)	売上		8,180,000
④コスト箱 (費用)	仕入	400,000	
	給料	280,000	
	支払手数料	8,000	
	外注費	190,000	
	通信費	8,000	
	家賃	76,000	
	消耗品費	33,000	
	交際費	98,000	
	支払利息	2,000	

現金や預金など①お金箱(資産)に入る勘定科目の残高は借方(左)に表示します。資産が増加したとき、仕訳では借方(左)に記録すると学びました。同様に考え、**買掛金や借入金、未払金など②借金箱(負債)に入る勘定科目の残高は貸方(右)、売上など③売上箱(収益)に入る勘定科目の残高は貸方(右)、給料や交際費など④コスト箱(費用)に入る勘定科目の残高は借方(左)に表示**されます

　総勘定元帳と同様、会計ソフトがあれば仕訳を入力するだけで残高試算表も自動で作成できます。このため、残高試算表を作成する能力よりも、読み解く能力の方が重要になります。

■ 会計期間

　残高試算表を作成することで、全ての勘定科目の残高がわかりました。しかし肝心の「トータルの利益はいくらだったか？」については、計算できていません。

　利益は、売上からコストを引いたものです。4つの箱で言うと、<u>③売上箱（収益）から④コスト箱（費用）を引いた金額が利益</u>です。

　また<u>利益は、1ヶ月分なのか半年分なのか、1年分なのか、期間によって変わってきます</u>。どの範囲の売上やコストから計算するのかで、利益の額も意味合いも大きく変わるのです。

<u>利益の計算には「期間」が重要</u>

　基本的に会社の会計は「1年単位」で区切り、区切った1年間の収益から費用を引くことで利益を計算します。この<u>1年間のことを「会計期間」</u>といいます。どの月からどの月までを1年間とするかは、会社が自由に決めることができます。

　日本で多いのが、4月1日〜翌年の3月31日までの1年間。

　欧米で多いのが、1月1日〜12月31日までの1年間。

　会計期間の最初の日を「期首」、最後の日を「期末」といいます。前項の残高試算表の会計期間は1月1日〜12月31日ですので、期首

が 1 月 1 日、期末が 12 月 31 日になります。

　会計期間が 1 年間ということは、**その 1 年間に発生した全ての収益や費用が箱に入っていることが必須になります**。逆に **1 年間の範囲外のものが混入することがあってはなりません**。

■ 決算と決算整理仕訳

　会計期間の 1 年間に入れるべき取引が全て箱に入っているか、逆に範囲外のものが混入していないか、それらを調査し、追加で入れたり、逆に取り出したりして、最終的に報告書の形にすることを「決算」といいます。

　決算は、年末の大掃除みたいなものです。1 年間の汚れを落とし、次の 1 年に向けて準備をする。では会計の大掃除である決算を、4 つの箱を使って実行していきましょう。特に重要な大掃除は次の 3 つになります。

・期間に応じて料金が決まっているコストの整理
・商品の在庫
・備品や建物など高額な資産のコスト処理

　大掃除は言い方を変えると、**「4 つの箱の整理」をする作業になるため、箱の中身や金額が変わります**。これは、整理をするための仕訳を新しく追加するからです。そして日々の仕訳と区別するために、決算のために追加した仕訳を「**決算整理仕訳**」と呼んでいます。

　決算整理仕訳はとても重要な仕訳で、これを記録しないと 1 年間の会社の営業結果を「決算書」という報告書にまとめることができないほどです。本書では第 6 章で、決算整理仕訳について詳しく説明します。

　また決算書も報告書である以上、誰が見てもわかりやすいことが求められます。そのため決算書にも一定のフォーマットがあります。それについては、第 7 章で説明していきます。

第6章

1年に一度

箱の中を整理する

■ 支払日とコストの発生月

　決算における最初の大掃除は、月額費用になります。**月額費用とは、サブスクや家賃のように定額の料金を毎月支払っている費用のこと**です。

　そこで今回は、次のような取引を考えてみたいと思います。

　あなたは事務所に置ききれない機材を保管しておく場所として、トランクルームを12月31日に借りることにしました。月極使用料は、15,000円です。しかし、1ヶ月分の賃料を支払っていたにもかかわらず、会計の箱に保管するのを忘れていました。これは完全に記録漏れとなるため、決算で整理します。

　このように**決算で整理する事項を「決算整理事項」といいます**。

【決算 (U)】12月31日にトランクルームを契約し、月極使用料として15,000円を普通預金から振り込んでいたが、この仕訳が漏れていたため整理する。

　勘定科目は、事務所の賃料と同じ「家賃」です。家賃というコストが増え、普通預金という資産が減っています。そこで、④コスト箱（費用）と①お金箱（資産）の箱を使用します。

[イメージトレーニング]

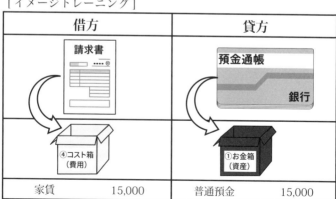

借方	貸方
家賃　　　　　　15,000	普通預金　　　　15,000

[決算整理仕訳]

借方		貸方	
勘定科目	金額	勘定科目	金額
家賃	15,000	普通預金	15,000

　本来であれば12月31日に記録すべき仕訳になりますが、このように漏れていた取引は決算整理のときに追加します。
　決算では、このような仕訳の漏れも整理します。

■ 支払い月とコスト

　トランクルームの家賃コストは、1ヶ月間、その場所を使用したことに対する費用です。そのため12月分の家賃なら、12月のコストにする必要があります。つまり**月額費用で重要なのは、「何月分のコストを支払ったのか」**ということです。これを明確にしないと、決算で整理が必要な月額費用なのか、整理の必要のない月額費用なのかの判断ができません。
　たとえば、12月分を12月に支払うのであれば、支払い月と使用月が一致するため、整理の必要はありません。

　しかし、トランクルームの賃料支払い条件が、前月末までに支払うという「前払い契約」だったらどうでしょう？　12月に支払った賃料は翌月分のため、実際にトランクルームを使用できるのは、翌年の1月からになります。

この場合、支払月と使用月が一致していません。

たとえば、あなたの会社の会計期間が1月1日〜12月31日だとします。この場合、12月31日が期末で、支払った賃料が翌年の1月分になります。つまり、今回の会計期間の1年間（「**今期**」）ではなく、次の会計期間の1年間（「**翌期**」または「**次期**」や「**来期**」）に入ります。

■ 期ズレ

今期を第1期の会計期間、翌期を第2期の会計期間だとします。

トランクルームの家賃15,000円は第1期の④コスト箱（費用）に入っていますが、これは第2期の1月分のコストになるため、第2期のコストが第1期の箱に入っている状況になります。

さすがにこれは、会計期間とコストの発生にズレが生じているためNGです。このように**期をまたぐ状態を「期ズレ」**といいますが、これは12月に支払った費用が「前払い」のときに起こります。

これを『決算整理』で処理してあげましょう。つまり、今期の箱から翌期の箱へ移し替えてあげるのです。

翌期分の家賃を移し替える

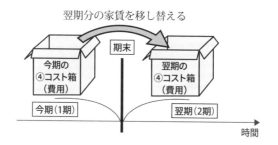

■ 費用を今期から翌期へ移し替える

12月末に支払ったトランクルームの賃料（家賃）15,000円が、実は翌期（第2期）の1月分であった場合、コストが1ヶ月分だけ余分に今期（第1期）の箱に入っていることになります。

12月末に記録した以下の仕訳が問題になるわけです。

家　　賃　　15,000　　／　　普通預金　　15,000

実際に普通預金からお金を振り込んだのは今期になるため、この仕訳自体を取り消すことはできません。そこで簿記は、決算整理仕訳として面白い工夫を考え出しました。

今期から15,000円だけコストを削り、その分を翌期の箱に移し替えるというマジックのような手法です。

【決算（Ⅴ）】トランクルームの家賃15,000円は、翌期である翌月1月分のコストのため、決算整理仕訳を行う。

1. 12月末に記録した15,000円の家賃の請求書を第1期の④コスト箱（費用）から取り出します。つまり費用を減少させます。仕訳において費用の増加は借方（左）になるため、減少は逆の貸方（右）になります。

　　　　　　　　　　　　　／　　家　　賃　　15,000

2. 第2期になったら、第1期の箱から取り出した請求書を、第2期の④コスト箱（費用）に入れます。つまり第2期の費用が増加します。費用の増加になるため、仕訳は借方（左）になります。これは、今期ではなく翌期の仕訳になります。

家　　賃　　15,000　　／　　　　　　　　　　　　

■ 前払費用

第1期の決算整理仕訳と、第2期の仕訳はこうでした。

第1期	［　　　　　　　］	／	家　賃　15,000
第2期	家　賃　15,000	／	［　　　　　　　］

2つの空欄には何が入るでしょうか？

たとえば、12月末にお金を払い、同じ12月末にトランクルームを解約したとします（解約条件など法律上の問題は無視するとします）。まだトランクルームを使っていないため、支払った15,000円は返してもらえるはずです。後からお金を貰えるものといえば……売掛金と似ていますね。

売掛金は資産です。資産が増加したときは、借方（左）に書きました。ちなみに第1期の仕訳の空欄も借方（左）です。ということは、**ここに、資産の勘定科目を入れればいい**と思いませんか？

このような前払いのコストを支払ったときは「前払費用」という資産の勘定科目を使います。

第1期　　　　前払費用　15,000　／　家　賃　15,000

これがトランクルームの前払い家賃に関する決算整理仕訳です。

■ 期首再振替仕訳
（きしゅさいふりかえしわけ）

第2期の仕訳はどうなるでしょうか？　翌期である第2期の1月にはトランクルームを使用しています。これにより、たとえ解約したとしても第1期の決算整理仕訳で記録した15,000円の前払いの家賃は戻ってこないため、前払費用の資産は消す必要があります。

資産の減少は貸方（右）でしたね。第2期の仕訳をみると、なんと貸方（右）が空欄です。

早速ここに前払費用を入れて、仕訳を完成させてみましょう！

第 2 期　　　　　家　賃　15,000　／　前払費用　15,000

これで、前払費用の残高は差し引きゼロになりました。
　では、もう一度、第 1 期の決算における決算整理仕訳からおさら
いしてみましょう。家賃の支払い条件が 1 ヶ月前払いで、期末に
15,000 円の家賃を支払ったときの仕訳はこうです。

　　　　　前払費用　15,000　／　家　賃　15,000

　そして、翌期である第 2 期に新しい箱を用意し、そこに家賃とい
うコストを入れるときの仕訳はこうなります。

　　　　　家　賃　15,000　／　前払費用　15,000

　これで、家賃 15,000 円が第 1 期から第 2 期に移動し、前払費用
という資産の残金は 0 円になりました。尚、翌期分の仕訳は期首に
記録するため、専門用語で「**期首再振替仕訳**」といいます。

**決算（Ⅴ）】トランクルームの家賃 15,000 円は、翌期である翌月 1 月
分のコストのため、決算整理仕訳を行う。**

[決算整理仕訳]

借方		貸方	
勘定科目	金額	勘定科目	金額
前払費用	15,000	家賃	15,000

第 2 期（翌期）に行う期首再振替仕訳は、以下になります。
　　　　家　賃　15,000　／　前払費用　15,000

■ 経過勘定
けいかかんじょう

　月極の賃料のようなサブスク的な支払い条件で、かつ前払いの契約のときは、前払費用という勘定科目を使って処理します。

　支払った家賃が翌期分だったため、家賃というコストを今期（第1期）から翌期（第2期）の箱へ移す決算整理仕訳を行ったわけです。

　前払費用のように<u>期ズレを修正するための勘定科目</u>を「経過勘定」<u>といいます</u>。経過勘定は、費用を翌期に移動させるなど、期ズレを修正するために一時的に使われる勘定科目だと思ってください。そのため、<u>経過勘定は短命で、残金はすぐに0になります</u>。

　決算整理仕訳で記録した前払費用も、翌期の期首再振替仕訳で、残金はすぐに0になりました。一時的に金額が計上されますが、すぐに残金が0になるのが特徴です。

■ 利息の発生

　経過勘定について、もう一つトレーニングをしておきましょう。

　それは、借入金の利息についてです。

　借入金の利息は、契約条件によっては返済時に一括して支払うことがあります。その場合、返済期日が来る前に期末になったらどうなりますか？　利息は、借りている期間に対して発生するものです。返済期日に突然、利息が発生するわけではありません。

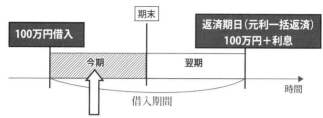

この部分の利息をコストとして箱に入れる必要あり

もう一度、銀行から借り入れた取引 (S) を見てみましょう。

【取引 (S)】銀行から3,400,000円を借り入れたため、普通預金にお金が振り込まれた。返済条件は、次のように2つに分かれている。3,400,000円のうち1,000,000円は元金と利息（年3%）を合わせた額を2年後に一括して返済する条件。残りの2,400,000円の返済期間は1年、利息と元本を合わせた202,000円（元金200,000円、利息2,000円）を12回払いで毎月末に返済する。

　銀行からの借り入れのうち100万円は元利一括返済、つまり元本とともに利息も2年後に一括して返済する契約です。借入日は今期（第1期）の12月1日、返済期日が第3期の11月30日としましょう。この場合、今期の12月1日〜12月31日（期末日）の1ヶ月間は、100万円の借入を利用しているわけです。<u>返済期日が来ていないため利息は払っていませんが、利用している以上、コストである利息は発生しています。これを決算で整理する必要があります。</u>
　未来に払うことになる利息を、決算整理によって今期にタイムスリップさせるのです！

第3期で払うことになる利息のうち第1期分は未来からタイムスリップ

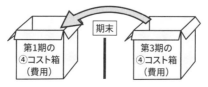

■ 未払費用と月割計算

【決算（W）】銀行からの借入金100万円について、今期分の利息を計上する。なお利率は年3％、借入日は今期の12月1日、借入期間は2年である。利息の計算は月割とする。

　利息における経過勘定科目の整理を、次の3ステップで行います。

1.　借入日から期末日までの1ヶ月間の利息を計算します。利率の年3％から1ヶ月分の利息を計算します。計算方法は、<u>1年分の利息を12ヶ月で割り、経過した月数である1ヶ月分をかけます。この計算方法を「月割計算」といいます</u>。

$$1,000,000 円 \times 3\% \div 12 ヶ月 \times 1 ヶ月 = 2,500 円$$

2.　1ヶ月間の利息である2,500円のコストを、今期の④コスト箱（費用）に入れる決算整理仕訳を行います。支払利息という費用の増加になるため、仕訳は借方（左）になります。

　　　　支払利息　2,500　　　／

3.　翌期になったら、翌期用の新しい箱から支払利息を減少させる期首再振替仕訳を行います。

　　　　　　　　　　　　　／　　　支払利息　2,500

　それぞれの空欄には、何が入るでしょうか？　まず、2. の第1期の決算整理仕訳について考えてみましょう。
　支払利息2,500円はコストとして第1期に発生しているにも関わらず、お金は払っていません。返済期日が来たら払うからです。
　後から払うといえば……借入金と同じ負債に似ていますよね。
　<u>これを「未払費用」という負債の経過勘定で記録します</u>。

　負債の増加は貸方(右)でした。2.の決算整理仕訳の空欄も、同じように貸方(右)です!

　　　　　支払利息　2,500　　／　　未払費用　2,500

すっきり収まりました!

［(第1期の)決算整理仕訳］

借方		貸方	
勘定科目	金額	勘定科目	金額
支払利息	2,500	未払費用	2,500

　第2期の期首に期首再振替仕訳を行います。

［期首再振替仕訳］

　　　　　未払費用　2,500　　／　　支払利息　2,500

　これで未払費用の残高は、ゼロになりました。
　経過勘定には前払費用と未払費用の他に、『前受収益』と『未収収益』などがあります。たとえば前受収益は、「サブスクなどで代金を先に受け取り、後からサービスを提供する」ときなどに用います。
　しかし、前払費用と未払費用をマスターしていれば容易に理解できるため、本書では『前受収益』と『未収収益』についての説明は省略しています。

MEMO

期首再振替仕訳で支払利息を貸方(右)に記録すると、通常は借方(左)に残高が表示されるべき支払利息が、貸方(右)にマイナスのまま残り続けます。この状態は、返済期日に支払利息を支払うまで続きます。

■ 期末在庫

　決算において一番重要なのが、実は期末に残っている商品在庫になります。日商簿記などの試験においても、在庫の処理が最大の難関であり、簿記学習で最も理解が難しい部分と言えます。そのためここでは、箱のイメージトレーニングを最大限に利用して、説明したいと思います。

　あなたの会社にも在庫を抱える商品として、販売用のＴシャツがありましたよね。あなたはＴシャツを２回仕入れています。ここでは、１回目の仕入分である 200 枚は完売したが、２回目の仕入分である 600 枚は一枚も売れなかったとします。結果、12 月 31 日の期末には、600 枚のＴシャツが在庫として残っている状態になります。

　　仕入１回目：単価 500 円 ×200 枚＝ 100,000 円　→　売上 200 枚
　　仕入２回目：単価 500 円 ×600 枚＝ 300,000 円　→　売上　　0 枚

　仕入れたＴシャツの合計は 800 枚で、400,000 円分となります。400,000 円分の商品を仕入れたときは、どの箱に入れましたか？

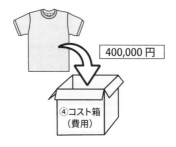

　そうです、**仕入という勘定科目を使い、④コスト箱（費用）に入れました**。当期仕入額の全額 400,000 円分が、仕入になっています。つまり仕入れた 400,000 円分の全額が会社のコストとして計算されているのです。**その分、利益も減っている**ことになりますね。
　これってどこか、おかしくありませんか？

《在庫》
**Tシャツのような現物の商品を仕入れて販売する形態は、必ず
在庫が発生します。しかし動画制作会社のように自分で動画
を作成して納品する場合も、動画の作成途中で期末が到来した
場合は、在庫の問題が出てきます。しかしそれは、かなり応用
的な問題になるため、本書では扱っていません。**

■ 売上原価

Tシャツの売上は、200枚分の180,000円だけです（売価900
円×200枚＝180,000円）。ここから仕入の400,000円を引くと、
220,000円の赤字になってしまいます。

売上180,000円−仕入400,000円＝△220,000円（赤字）

これでは、売上180,000円という営業結果を正しく評価して
いるとは言えないですよね？　もしかしたら残っている600枚、
300,000円分のTシャツが、翌期には売れるかもしれないのに、こ
のコストを第1期の売上から引くのはあまりに酷というものです。

利益は、がんばって営業して得られた売上に対し、いくらのコス
トがかかったのか、を示すものです。

では、Tシャツのような売上に対するコストは何でしょうか？
**それは、販売された商品の仕入原価、つまり商品を仕入れたときの
金額**のことです。

仕入のコストには、売れた分だけの仕入原価が入っているべきな
のです。これを「**売上原価**」といいます。

そこで複式簿記では、これを整理するためのマジックを使います。

■ 繰越商品と棚卸資産

商品在庫のマジックを使うために、「繰越商品」という勘定科目を用意します。**繰越商品は、①お金箱（資産）に入る勘定科目**です。

Tシャツのような商品は、いまは在庫でも、後から売れれば代金としてお金を貰えるため、売掛金と同じように資産になります。**在庫のことを専門用語で「棚卸資産」と言うぐらいです。**

整理の方法ですが、**残っている商品の仕入原価を繰越商品として、④コスト箱（費用）から①お金箱（資産）に移動**させてあげます。

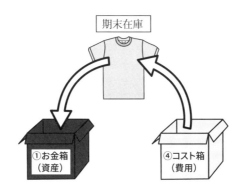

期末在庫

①お金箱
（資産）

④コスト箱
（費用）

■ 仕入／繰越商品

売れ残りの商品の仕入額300,000円をコストのままにしておいてはいけません。そこで決算整理仕訳を行い、④コスト箱（費用）から取り出します。決算整理仕訳で表現するとこうなります。

　　　　繰越商品　　300,000　／　仕　入　　300,000

仕入のような費用が増加したときは借方（左）に置いたため、減少したときは反対の貸方（右）に置けば良かったんでしたね。また、**繰越商品は資産の勘定科目のため、増加のときは借方（左）**になります。

　<u>この仕訳で仕入が300,000円減少し、繰越商品が300,000円増えました</u>。決算整理仕訳で、在庫分300,000円が、仕入から繰越商品に瞬間移動したのです！

■ 決算整理後の仕入と繰越商品

　この瞬間移動の裏で、実はもう一つ面白い現象が起きています。それはすり替えです！　仕入と繰越商品の金額に注目してください！

　在庫のTシャツ600枚分、300,000円が繰越商品という資産の勘定科目に瞬間移動しました。これにより仕入という費用の勘定科目の金額が変化しています。

　新しい金額は、「総仕入高400,000円－移動した在庫分300,000円＝100,000円」です。

　売上原価である100,000円（単価500円×200枚）の金額になっています。当たり前ですが、<u>仕入の合計額から在庫分を引けば、売れた分の仕入額、つまり売上原価になる</u>のです！

　決算整理仕訳をしたことで、仕入は売上原価の金額になりました。

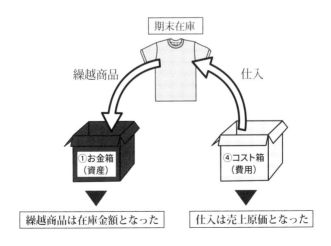

期末在庫の決算整理仕訳は、**期末在庫を仕入から繰越商品に瞬間移動させることで、仕入を仕入総額から売上原価の金額にすり替える**という、二重の手の込んだ処理だったのです。

【決算 (X)】期末の商品在庫を調べたところ、Ｔシャツが300,000円分 (単価500円×600枚) 残っていたため、決算で整理する。

[決算整理仕訳]

借方		貸方	
勘定科目	金額	勘定科目	金額
繰越商品	300,000	仕入	300,000

《ボックス図》
上の決算整理仕訳を、日商簿記など試験簿記のテキストで使われる「ボックス図」で表現すると下図になります。

① 期中 (会計期間中という意味) の仕訳では、仕入は当期仕入れた金額の400,000円になっている。
② 決算整理仕訳で、期末在庫分300,000円を仕入から繰越商品に振り替える。
③ 上記の決算整理仕訳の結果、仕入の金額が売上原価の100,000円となる。

■ 期首在庫があるケース（応用編）

　ここからは、期首に在庫があったときの話になります。あなたの会社において、第2期の期首は、600枚のTシャツ300,000円分（単価500円×600枚）の在庫がある状態からのスタートになります。

　そして時は過ぎ、第2期も瞬く間に12月31日の期末を迎えました。第2期の仕入額は、単価500×900枚＝450,000円です。

　期末在庫を調べたところ520枚で、260,000円分（単価500円×520枚＝260,000円）でした。

　ここでTシャツの枚数の動きを考えてみましょう。
　期首に残っていたTシャツは600枚。
　当期仕入れたのが900枚。
　期末在庫が520枚。

　ということは、売れたTシャツの枚数は980枚になります。
　期首在庫600枚＋当期仕入900枚−期末在庫520枚＝980枚
　ボックス図にするとこうなります。

Tシャツ

　第1期と違い、売り上げた枚数を計算するには、期首分も考慮しなければなりません。**売上原価の金額確定は、商品総数から期末在庫を引くという手順で計算している**からです。

　数量ベースでは商品の総数から在庫数を引いて計算したので、金額ベースでも同じことをします。

期首に残っていた T シャツは 300,000 円分。
当期仕入れた T シャツは 450,000 円分。
期末在庫が 260,000 円分。

期首在庫 300,000 円＋当期仕入 450,000 円－期末在庫 260,000 円＝売上原価 490,000 円

この**計算式のこと**を「**売上原価の算定**」といったりします。
ボックス図にするとこうなります。

Tシャツ

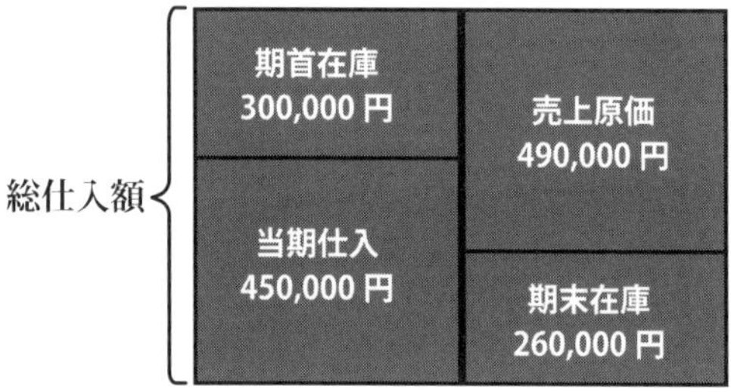

このボックス図のように、決算整理仕訳によって④コスト箱（費用）と①お金箱（資産）を整理し、記録が正しく在庫金額と売上原価になるようにします。

では、どのように仕訳すれば計算式のように期首の在庫分を考慮できるでしょうか？　売上原価算定の式では、当期仕入に期首在庫をプラスしているため、これと同じことを仕訳でも行います。

期首在庫は、前期の決算整理仕訳で繰越商品に記録してあります。その後、繰越商品はいじっていないため、そのまま前期末の在庫 300,000 円分が繰越商品の金額として残っています。
<u>仕入の金額を総仕入高にするには、繰越商品としていた期首分の在庫（前期末の在庫）の 300,000 円を、再び仕入に移動させてあげればいい</u>のです。

仕　　入　300,000　／　繰越商品　300,000

　繰越商品は資産のため、期首在庫分の金額を取り出して減少させるには貸方(右)に記録します。これで<u>仕入の金額が、期首在庫を加算した総仕入額の750,000円になりました。</u>

　<u>**次に決算整理仕訳で、期末在庫分の260,000円を、仕入から繰越商品に移動させます。**</u>

　　　繰越商品　260,000　　／　仕　　入　260,000

第2期の決算整理仕訳をまとめると、次のように**2つになります。**

　　　仕　　入　300,000　　／　繰越商品　300,000
　　　繰越商品　260,000　　／　仕　　入　260,000

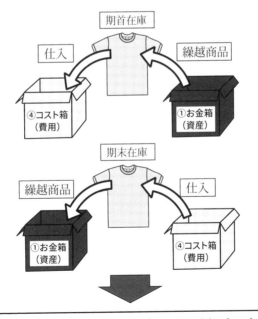

期首在庫

仕入　　　　　　　　　繰越商品

④コスト箱
(費用)　　　　①お金箱
(資産)

期末在庫

繰越商品　　　　　　　仕入

①お金箱
(資産)　　　④コスト箱
(費用)

> 仕入が総仕入額から売上原価の金額490,000円になった！
> 繰越商品が期首在庫から期末在庫の金額260,000円になった！

《しいれ、くりしょう、くりしょう、しいれ》

期首在庫がある場合の決算整理仕訳をボックス図で表現すると
こうなります。

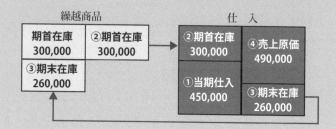

① 期中の仕訳では、当期の仕入額は全額仕入に記録される。
② 決算整理仕訳で、期首在庫を繰越商品から仕入に移動する。結果、繰越商品の金額がゼロになる。
③ 期末在庫を仕入から繰越商品に移動する。結果、繰越商品の金額が期末在庫260,000円となる。
④ 上記の決算整理仕訳の結果、仕入の金額が売上原価である490,000円になる。

初心者の方は、前ページで説明した以下の2つの決算整理仕訳

| 仕　入 | 300,000 | ／ | 繰越商品 | 300,000 |
| 繰越商品 | 260,000 | ／ | 仕　入 | 260,000 |

を理解するのが難しいため、日商簿記検定向けのテキストなどには、次のような暗記方法が書かれています。

「しいれ、くりしょう、くりしょう、しいれ」

丸暗記はあまり好きではありませんが、この決算整理については、何度も口に出して記憶すると理解が早いかもしれません。

■ 固定資産か費用か

　最後にもう一つ、重要な決算整理仕訳をお伝えしましょう！

　それは備品などの『固定資産』の問題です。以前あなたの会社では、高級一眼レフカメラを50万円で購入しましたね。

【取引 (B)】家電量販店で50万円の高級一眼レフカメラを購入し、代金をクレジットカードで支払った。

　①お金箱（資産）に備品として仕訳しました。

　　　備　品　500,000　／　未払金　500,000

　高級一眼レフカメラは、「撮影に使う道具、つまり売上をあげるために買ったものなので、コストとして④コスト箱（費用）に入れてもいいんじゃないの？」という疑問が出てきます。たとえばカメラのデータを保存するSDカードなど1個数万円のものは、備品ではなく「消耗品費」という勘定科目で④コスト箱（費用）に入れました。

【取引 (Q)】カメラ用のSDカードを通販で購入し、33,000円を普通預金から振り込んだ。

　　　消耗品費　33,000　／　普通預金　33,000

　高級一眼レフカメラも、SDカードも事業用に買った品物で、売上をあげるためにかかったコストです。カメラだけに限らず、SDカードも使いきりでなく、数年は使えるという共通点もあります。しかし一方は資産、一方は費用に仕訳られています。

　この両者の違いは……購入したときの金額です。高級一眼レフカメラは50万円だから、備品として資産の箱に入れたのです。SDカードは33,000円だから費用の箱なのです。

　何年も使えるものでも、このように<u>金額で処理が異なります</u>。

では、資産と費用を分ける基準の金額はいくらでしょうか？　実は簿記会計のルールには、明確なものがありません。そのため**法人税法という会社の税金に関する法律の基準を使って処理するのが一般的**になります。法人税法では、いろいろな例外規定はありますが、基本的に 10 万円未満（法人税法施行令 133 条）を費用としています。

■ 減価償却

「長年使え、金額が 10 万円以上のものは固定資産とする」までは理解できましたが、これが大きな問題を発生させます。安い SD カードは費用として処理されるため利益が減るのに対し、高い高級一眼レフカメラは資産となるためコストにならず利益が減らない。

　これって絶対おかしいですよね！　備品である高級一眼レフカメラも、動画作りに使用し、その動画が売上になる。まさに売上のためのコストです。

　そこで、資産であるカメラを費用にしてしまいましょう。これを「**減価償却**」といいます。決算整理で**備品のコストを④コスト箱（費用）に入れてあげる**のです。

■ 定額法

　あなたが購入した高級一眼レフカメラの 50 万円は①お金箱（資産）に入っています。これを決算整理で、④コスト箱（費用）に移動させます。しかし減価償却を行うには、次のような準備が必要となります。

1. カメラの使用可能年数を調査します。ここでは 5 年間は使えることがわかりました。
2. カメラを使い始めた月を特定します。期首の 1 月でした。今期は丸 1 年、このカメラを使っていたことになります。
3. 今期（第 1 期）の費用とすべき金額を計算します。

　前頁3の今期の費用とすべき金額の計算は簡単です。購入した金額の 500,000 円を、使用可能年数の 5 年間で割ればいいのです。

　　500,000 円 ÷5 年＝ 100,000 円

この計算を、専門用語を使ってまとめるとこうなります。

1. **何年使えるかの予想として「耐用年数」をあらかじめ決める**
2. 今期に使用した月数を調べる
3. 上記の準備が終わったら、**固定資産の購入価格である「取得原価の金額を耐用年数で割る**

　これで今期のコストが求められます。

　取得原価 ÷ 耐用年数＝当期のコスト額

　500,000 円 ÷ 5 年＝ 100,000 円

　このような**計算方法を「定額法」**といいます。
　耐用年数の決め方ですが、国税庁の耐用年数表に記載されている法定耐用年数を使用します。カメラ、映画撮影機などは 5 年、PC は 4 年、自動車は 6 年などと決まっています。
　また、実際にカメラを使い始めたのが 10 月 1 日で、今期は 3 ヶ月（10 月〜 12 月）しか使っていなかった場合は、定額法の計算の最後に月割計算が入ります。

　取得原価 ÷ 耐用年数 × 当期の月数／ 12 ヶ月＝当期のコスト額

　500,000 円 ÷5 年 × 3 ヶ月／ 12 ヶ月＝ 25,000 円

　このように、カメラを使った月数分だけのコスト額を算出します。

■ 減価償却累計額

　当期の費用とすべき金額が100,000円と算出されたので、この100,000円を決算整理仕訳で④コスト箱（費用）に入れたいと思います。ここでは<u>「減価償却費」という費用の勘定科目を使います。</u>

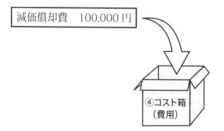

減価償却費　100,000円

④コスト箱
（費用）

　決算整理仕訳を示すとこうなります。

減価償却費　100,000　／

　「減価償却費　100,000」という費用の勘定科目は、備品をコストとして計上するためのものです。そのため決算整理仕訳の貸方（右）には、「備品」と記録したくなります。

96

減価償却費　100,000　／　備品　100,000

「資産である備品を減少させるために貸方（右）に書き、その分の金額が減価償却費という費用になった」と考えられます。実際、このように処理する「直接法」と呼ばれる仕訳もあります。

　しかし直接法は、実務で使われることがほとんどないため、本書では、「間接法」と呼ばれる仕訳方法を使って説明します。間接法の方が優れており、しかもアッと驚く秘密の技を使うからです。

それが「減価償却累計額」です。

　この減価償却累計額を使い、資産である備品を減らさずに決算整理仕訳を完成させます。しかも減価償却累計額は、**減価償却費をどんどん貯め込むことができる**という特性をもっています。減価償却費という費用を貯め込むタンクのような性質です。購入した備品の1年目の減価償却費、2年目の減価償却費……と、毎年の減価償却費を貯め込むことで、減価償却累計額は、年々大きくなります。

100,000 円	200,000 円	300,000 円
1年目の	2年目の	3年目の
減価償却累計額	減価償却累計額	減価償却累計額

　このタンクのような特性のおかげで、決算整理仕訳で資産の金額を動かさずコスト化できるのです。
　「固定資産の金額は動かさず、減価償却費だけを増やし、それを減価償却累計額にため込む」というのが、のちのち非常に便利になります。これについては、第7章で説明します。

■ 備品減価償却累計額

　カメラのような固定資産を決算整理で費用化するために、次の2つの勘定科目を使いました。

　減価償却費：固定資産をコスト化するために使う費用の勘定科目
　減価償却累計額：減価償却費を貯め込む勘定科目

　実際の決算整理仕訳では、**その減価償却累計額が何のための固定資産のものなのかを明確にする必要があります**。備品に対する減価償却累計額であれば、「備品減価償却累計額」とします。建物だったら「建物減価償却累計額」、機械だったら「機械減価償却累計額」です。

　決算整理仕訳では、次のように記録します。

　減価償却費　100,000　／　備品減価償却累計額　100,000

　減価償却累計額が増加したときは貸方（右）に置きます。増加するときに貸方（右）に置くのは負債か収益です。そこで②借金箱（負債）に入れてあげます。しかし、実は負債ではありません。これについても第7章で説明します。

【決算（Y）】備品の減価償却を実施する。なお備品に計上されている500,000円は今期の期首に購入したもので、耐用年数5年を定額法で計算する。

[決算整理仕訳]

借方		貸方	
勘定科目	金額	勘定科目	金額
減価償却費	100,000	備品減価償却累計額	100,000

プラス 1 の箱を謎解いて
決算書を完全に理解する

■ 決算整理後残高試算表

前章では決算整理仕訳を5つ計上しました。

【決算（U）】12月31日にトランクルームを契約し、月極使用料として15,000円を普通預金から振り込んでいたが、この仕訳が漏れていたため整理する。

[仕訳]

借方		貸方	
勘定科目	金額	勘定科目	金額
家賃	15,000	普通預金	15,000

【決算（V）】トランクルームの家賃15,000円は、翌期である翌月1月分のコストのため、決算整理仕訳を行う。

[仕訳]

借方		貸方	
勘定科目	金額	勘定科目	金額
前払費用	15,000	家賃	15,000

【決算（W）】銀行からの借入金100万円について、今期分の利息を計上する。なお利率は年3%、借入日は今期の12月1日、借入期間は2年である。利息の計算は月割とする。

[仕訳]

借方		貸方	
勘定科目	金額	勘定科目	金額
支払利息	2,500	未払費用	2,500

【決算（X）】期末の商品在庫を調べたところ、Tシャツが300,000円分（単価500円×600枚）残っていたため、決算で整理する。

[仕訳]

借方		貸方	
勘定科目	金額	勘定科目	金額
繰越商品	300,000	仕入	300,000

【決算 (Y)】備品の減価償却を実施する。なお備品に計上されている500,000円は今期の期首に購入したもので、耐用年数5年を定額法で計算する。

[仕訳]

借方		貸方	
勘定科目	金額	勘定科目	金額
減価償却費	100,000	備品減価償却累計額	100,000

　これら決算整理仕訳を含めた (A)〜(Y) までの仕訳に登場した勘定科目の残高を、一覧表にしてみましょう。これを「**決算整理後残高試算表**」といいます。略して「後 T/B」ということもあります。

　この決算整理後の残高試算表と区別するために、決算整理仕訳前の残高試算表のことを「決算整理前残高試算表 (前 T/B)」と呼ぶこともあります。

決算整理後残高試算表

×1年1月1日〜×1年12月31日

	勘定科目	借方	貸方
	現金	227,000	
	普通預金	8,258,000	
①お金箱 (資産)	売掛金	2,500,000	
	繰越商品	300,000	
	前払費用	15,000	
	備品	500,000	
	買掛金		400,000
	借入金		3,200,000
②借金箱 (負債)	未払金		690,000
	未払費用		2,500
	預り金		25,000
	減価償却累計額		100,000

③売上箱 (収益)	売上		8,180,000
④コスト箱 (費用)	仕入	100,000	
	給料	280,000	
	支払手数料	8,000	
	外注費	190,000	
	通信費	8,000	
	家賃	76,000	
	消耗品費	33,000	
	交際費	98,000	
	減価償却費	100,000	
	支払利息	4,500	

　前章でお話ししたように、備品減価償却累計額は負債に似た勘定科目でした。このため決算整理後残高試算表では、②借金箱 (負債) の借入金などと同じく貸方 (右) に記録されています。

■ 決算書・財務諸表（ざいむしょひょう）

　第6章の決算整理により、現金や借入金、売上や仕入といったすべての勘定科目の金額が確定しました。ここからは報告書を作る作業に入ります。

　報告書として重要になるのが、誰が見てもわかりやすいことです。そのためには、報告書に一定のフォーマットがあると便利です。そこで簿記会計の報告書にも、定められているフォーマットのルールがあります。それが「決算書」と呼ばれるものです。

　ただこの呼び方にも簿記会計の専門用語があり、「**財務諸表**」といいます。財務に関する複数の表という意味です。

　複数と言うぐらいですから、**財務諸表にはいくつか種類があります。その代表的なものが**「**貸借対照表**（たいしゃくたいしょうひょう）」と「**損益計算書**（そんえきけいさんしょ）」です。

　この2つの表ですが、今まで4つの箱を学んできたあなたなら、すぐに理解できるに違いありません！

　貸借対照表は、現金預金や借入金など、①お金箱（資産）と②借金箱（負債）を表にしたものです。

　損益計算書は、売上や仕入など、③売上箱（収益）と④コスト箱（費用）を表にしたものです。

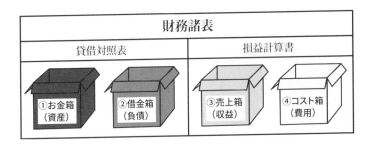

■ 貸借対照表

　財務諸表の一つである貸借対照表は、①お金箱（資産）と②借金箱（負債）を、横や縦に並べた表になります。**資産と負債を一覧にすることで、「財政状態」を示す表**ということです。

　財政状態というのは、資産がどれだけあって、負債がいくらで、そのバランスはどの程度か、といったことです。負債が多額でも、それに対する資産が大きければ、バランス的に問題はないですよね。そのことを一目で分かるようにしたのが貸借対照表になります。

　このため貸借対照表のことを英語では Balance Sheet（バランスシート）といいます。略して B/S（ビーエス）です。

（1）横形式の貸借対照表

　①お金箱（資産）を借方（左）に、②借金箱（負債）を貸方（右）に配置して表にします。貸借対照表は決算整理後の期末日の残高を表にしたものですから、それとわかるように日付を必ず書きます（あな

たの会社は 12 月決算ですから×1 年 12 月 31 日)。

　貸借対照表は大きく 2 つの区分があります。
　借方（左）は①お金箱（資産）なので、「資産の部」とします。
　貸方（右）は②借金箱（負債）なので、「負債の部」とします。

　日商簿記検定などでは、横形式の表がよく使われます。初心者は
こちらの方がわかりやすいと思います。

貸借対照表
×1 年 12 月 31 日

資産の部		負債の部	
勘定科目	金額	勘定科目	金額
現金	227,000	買掛金	400,000
普通預金	8,258,000	借入金	3,200,000
売掛金	2,500,000	未払金	690,000
繰越商品	300,000	未払費用	2,500
前払費用	15,000	預り金	25,000
備品	500,000	減価償却累計額	100,000

（2）縦形式の貸借対照表
　①お金箱（資産）、②借金箱（負債箱）の順番に縦に並べて表にす
る形式です。横を縦にしただけで、その他は横形式と同じです。
　大企業などではこちらの表がよく使われます。

貸借対照表
×1 年 12 月 31 日

勘定科目	金額
資産の部	
現金	227,000
普通預金	8,258,000
売掛金	2,500,000
繰越商品	300,000
前払費用	15,000
備品	500,000
負債の部	
買掛金	400,000
借入金	3,200,000
未払金	690,000
未払費用	2,500
預り金	25,000
減価償却累計額	100,000

■ 貸借対照表の表示科目

　決算書は、誰が見ても一目でわかるようにすることが大切です。前項で示した貸借対照表は、決算整理後残高試算表の中から資産と負債を抜き出して表にしただけの形式でした。

　これでも分かるといえば分かりますが、もっとわかりやすいようにする工夫はないかと長年考えられてきました。それが次の3つの改善点です。

（1）勘定科目を変える
（2）短期（流動）と長期（固定）を区別する
（3）減価償却累計額を固定資産から控除する

（1）勘定科目を変える
　期末在庫は繰越商品という勘定科目で処理していました。わざわざ「繰越」という言葉がついているのは、期首在庫と期末在庫を同じ勘定科目で処理するためです。

　しかし貸借対照表は、期末日の残高を示す表です。そのため在庫といえば期末在庫に決まっています。「繰越」などは不要で、**商品の残高ということをストレートに表現するために、繰越商品ではなく、「商品」という名称を用います**。

貸借対照表
×1 年 12 月 31 日

資産の部		負債の部	
勘定科目	金額	勘定科目	金額
商品	300,000		

　貸借対照表では、期中の仕訳や決算整理仕訳で使われる勘定科目とは異なる科目名が用いられることがあるのです。

　このように**決算書だけに用いられる科目名のことを「表示科目」**といいます。

　同様に、現金と普通預金はどちらもすぐ支払いに使えるものなので、「**現金預金**」とひとまとめにしています。「**現預金**」という表示科目も使われます。

貸借対照表
×1 年 12 月 31 日

資産の部		負債の部	
勘定科目	金額	勘定科目	金額
現金預金	8,485,000		

■ 貸借対照表の長期と短期

（2）短期（流動）と長期（固定）を区別する

　貸借対照表では、資産と負債に「流動」と「固定」という区分を設けます。「**流動」には 1 年以内に現金化される資産や、1 年以内に返済期限が来る負債を表示**します。

　「固定」には 1 年を超えて使用する資産や、返済期限が 1 年を超える負債を表示します。

貸借対照表

×1 年 12 月 31 日

資産の部		負債の部	
I　流動資産		I　流動負債	
II　固定資産		II　固定負債	

　借入金をもう一度見てみましょう。残高試算表では借入金の残高が 3,200,000 円になっています。そのうち 2,200,000 円は、返済期限が期末日から 1 年以内の借入金です。このため 2,200,000 円は<u>流動負債に「短期借入金」</u>と表示します。

　残りの 1,000,000 円は借入日から 2 年後に一括返済する予定です。期末日から数えても 1 年を超えるため、<u>固定負債に「長期借入金」と表示します</u>。この 2 つも表示科目になります。

貸借対照表

×1 年 12 月 31 日

資産の部		負債の部	
I　流動資産		I　流動負債	
		短期借入金	2,200,000
II　固定資産		II　固定負債	
		長期借入金	1,000,000

　資産の部で考えると、現金や普通預金はいつでも使えるキャッシュなので流動資産。同じ預金でも満期日が期末日から 1 年を超える定期預金がある場合は固定資産に区分します。

備品は長年使えることが前提となるため、固定資産に区分します。

貸 借 対 照 表
×1 年 12 月 31 日　　　　　　　　　（単位：円）

資産の部		負債の部	
Ⅰ流動資産		Ⅰ流動負債	
現金預金	8,485,000	買掛金	400,000
売掛金	2,500,000	未払費用	2,500
商品	300,000	短期借入金	2,200,000
前払費用	15,000	未払金	690,000
Ⅱ固定資産		預り金	25,000
備品	500,000		
		Ⅱ固定負債	
		長期借入金	1,000,000

どうです？　わかりやすくなったのではないでしょうか。

《単位が重要》
決算書（財務諸表）には必ず（単位：円）のように、金額の単位を明確に表示します。決算書によっては単位が千円だったり、百万円だったりするからです。決算書を見るときには、必ず単位を確認するようにしましょう。

■ 評価勘定
ひょうかかんじょう

（3）減価償却累計額を固定資産から控除する

　減価償却累計額は負債に似ているということで②借金箱（負債）に入れました。決算整理後残高試算表でも貸方（右）に表示しました。しかし実際は負債ではありません。**減価償却累計額は、固定資産をマイナスにする勘定科目**です。

　貸借対照表で減価償却累計額は 100,000 円になっています。この 100,000 円をカメラの取得原価 500,000 円から引くと、400,000 円になります。

　備品 500,000 円－備品減価償却累計額 100,000 円＝ 400,000 円

この 400,000 円は、あなたの会社がコストとして認識していない
金額になります。**今後発生する減価償却費（費用）の金額がこれだけ
残っていることがわかる**わけです。言い換えると、「このカメラには
400,000 円の価値がある」と、評価していることになります。
　固定資産の取得原価から減価償却累計額を引くと、そのときの固
定資産の評価額がわかるため、**減価償却累計額のことを「評価勘定」
といいます**。

まだ 40 万円の
価値がある

| 備　　品 | 500,000 | |
| 減価償却累計額 | <u>100,000</u> | 400,000 |

　貸借対照表では、**評価勘定は資産から控除する形式で表示**します。
表示科目は「減価償却累計額」のままとし、備品など固定資産の名称
はつけません。つけなくてもわかるからです。これらをまとめると、
貸借対照表は次のようになります。

貸 借 対 照 表
×1 年 12 月 31 日　　　　　　　　　（単位：円）

資産の部			負債の部	
Ⅰ流動資産			Ⅰ流動負債	
現金預金		8,485,000	買掛金	400,000
売掛金		2,500,000	未払費用	2,500
商品		300,000	短期借入金	2,200,000
前払費用		15,000	未払金	690,000
Ⅱ固定資産			預り金	25,000
備品	500,000		Ⅱ固定負債	
減価償却累計額	<u>100,000</u>	400,000	長期借入金	<u>1,000,000</u>
資産合計		11,700,000	負債合計	4,317,500

■ 損益計算書

　財務諸表のもう一つの表である**損益計算書は、③売上箱（収益）と
④コスト箱（費用）を縦に並べた表**になります。

損 益 計 算 書
×1年1月1日〜 ×1年12月31日

損 益 計 算 書
×1年1月1日〜 ×1年12月31日　　　（単位：円）

売上	8,180,000
仕入	100,000
給料	280,000
支払手数料	8,000
外注費	190,000
通信費	8,000
家賃	76,000
水道光熱費	33,000
減価償却費	100,000
交際費	98,000
支払利息	4,500
当期利益	7,282,500

　貸借対照表と同じように、損益計算書でもわかりやすいように工夫を凝らします。それが次の3つになります。

（1）適切な表示科目を用いる
（2）コストを分類する
（3）3つの利益の名称を使う

MEMO

日商簿記などの検定試験では、③売上箱（収益）と④コスト箱（費用）を横に並べる形式の損益計算書も学びます。並び方は借方（左）が④コスト箱（費用）で、貸方（右）が③売上箱（収益）です。ただ横並びの損益計算書は実務ではほぼ使いません。

■ 損益計算書の表示科目

（1）適切な表示科目を用いる

　貸借対照表で「繰越商品」の勘定科目を「商品」と表示したように、損益計算書でも勘定科目をよりわかりやすい名称で表示します。

勘定科目		表示科目
売上	→	売上高
仕入	→	売上原価

　この名称の変更理由はいたって単純です。

　売上については、1年という会計期間の合計額とわかるように「売上高」と表示します。仕入については、単純な仕入の金額ではなく、売れた商品の原価、つまり売上原価の金額とわかるように「売上原価」と表示します。

損 益 計 算 書

×1年1月1日〜×1年12月31日　　（単位：円）

売上高	8,180,000
売上原価	100,000

■ 損益計算書のコストの分類

（2）コストを分類する

　コスト、つまり費用の項目には、売上原価（仕入）、給料、支払手数料、外注費、通信費、家賃、水道光熱費、減価償却費、交際費、支払利息など、たくさんあります。大企業になると、もっとたくさんの勘定科目を使うこともあります。

　たくさんあると分類したくなるのが人間の性分。分類した方がわかりやすくなるからです。そこで費用の中身を吟味し、大きく3つに区分し、費用を振り分けました。

１．商品を販売した原価である売上原価

　売上をあげるためにもっとも直接的、ダイレクトなコストは「**売上原価**」です。Tシャツを売ったときに必ずかかるコストが、Tシャツの原価だからです。売上原価は売上に比例して発生するため、独立して区分します。

２．販売するためにかけた営業コスト

　給料などの営業コストのことを専門用語で「**販売費及び一般管理費**」といいます。長いので「販管費」と略したりします。販売活動と運営管理の費用という意味で、多くの費用がこちらに区分されます。

３．お金を借りたコストである財務コスト（支払利息）

　お金を借りることを「財務取引」といいますが、財務取引で発生するコストである支払利息は、売上原価や販管費とは内容が違いますよね。営業活動とは違うコストという意味で、「**営業外費用**」として区分します。

損 益 計 算 書

×1年1月1日～×1年12月31日　（単位：円）

売上高		8,180,000
売上原価		100,000
販売費及び一般管理費		
給料	280,000	
支払手数料	8,000	
外注費	190,000	
通信費	8,000	
家賃	76,000	
水道光熱費	33,000	
減価償却費	100,000	
交際費	98,000	793,000
営業外費用		
支払利息		4,500

■ 売上総利益、営業利益、経常利益

（3）3つの利益の名称を使う

　前項では、費用を3つに区分しました。利益は、売上という収益から費用を引いて求めるため、3つの区分の費用を引いた利益にも3つの区分ができます。それでは、以下の「3つの利益の区分」について説明します。

　　1．売上総利益 ＝（売上高－売上原価）
　　2．営 業 利 益 ＝（売上総利益－販管費）
　　3．経 常 利 益 ＝（営業利益－営業外費用）

　<u>「売上総利益」は、一般的に「粗利」とも呼ばれ、売上高からその直接的なコストである売上原価を引いた利益</u>です。売上によって、どれだけ利益が獲得できたかを示します。

　<u>「営業利益」は、売上総利益から販管費を引いた利益</u>です。給料や家賃など販売にかかった全般的なコストを引くことで、営業活動全般でどれだけの利益を獲得できたかを示します。

　さらに<u>経常利益は、営業利益から営業外費用を引くことで（営業外収益があればそれは加算）、財務活動を含めた会社としての総合的な利益</u>を示します。

損 益 計 算 書

×1 年 1 月 1 日～ ×1 年 12 月 31 日　　（単位：円）

売上高		8,180,000
売上原価		100,000
売上総利益		8,080,000
販売費及び一般管理費		
給料	280,000	
支払手数料	8,000	
外注費	190,000	
通信費	8,000	
家賃	76,000	
水道光熱費	33,000	
減価償却費	100,000	
交際費	98,000	793,000
営業利益		7,287,000
営業外費用		
支払利息		4,500
経常利益		7,282,500

■ 法人税等と当期純利益

　会社の活動にかかる費用として、絶対に忘れてはいけないものがあります。それは、税金です。

　簡単に言ってしまうと、**税金は会社の 1 年間の利益に○○％（税率）を掛けて計算します**。会社の利益にかかる主な税金は「法人税」です。その他「住民税」や「事業税」もかかります。

　これらの税金は、**「法人税、住民税及び事業税」という費用の科目を使い、損益計算書の最後のほうに独立して表示されます**。今までの費用とは全く違う「国に納める税金」として、独立して表記するのです。この科目は略して「法人税等」とすることもあります。

　ここでは、法人税等を 200 万円として損益計算書に表示します。

　法人税等を引いた結果、今期のあなたの会社の当期純利益は 5,282,500 円となりました！

今期の当期純利益　5,282,500 円

この数字は、また後で出てきますので覚えておいてくださいね。

損 益 計 算 書

×1 年 1 月 1 日～ ×1 年 12 月 31 日　　（単位：円）

売上高		8,180,000
売上原価		100,000
売上総利益		8,080,000
販売費及び一般管理費		
給料	280,000	
支払手数料	8,000	
外注費	190,000	
通信費	8,000	
家賃	76,000	
水道光熱費	33,000	
減価償却費	100,000	
交際費	98,000	793,000
営業利益		7,287,000
営業外費用		
支払利息		4,500
経常利益		7,282,500
税引前当期純利益		7,282,500
法人税、住民税及び事業税		2,000,000
当期純利益		5,282,500

《税引前当期純利益と当期純利益》
損益計算書では、経常利益の次に「税引前当期純利益」が記載
されます。そして、税引前当期純利益から法人税等を引いた
「当期純利益」を一番最後に記載するのが、正しいフォーマッ
トになります。当期純利益は一般的に最終利益とも呼びます。
経常利益と税引前当期純利益の違いについては、ここでは特に
気にする必要はありません。

■ 未払法人税等（応用）

　法人税等の記載が損益計算書にあるということは、仕訳が行われたことを意味します。損益計算書（決算書）は、仕訳をまとめた報告書のため、仕訳がなければ報告のしようがないからです。**法人税等の仕訳は、決算整理仕訳で行われます**。少し応用になるため第6章では触れませんでしたが、ここで簡単に説明したいと思います。

　税金の額を算出したら、それを「法人税、住民税及び事業税」という勘定科目で決算整理仕訳を行います。**法人税等は費用になるため増加は借方（左）に書きます**。貸方（右）には何が入るでしょうか？

　税金の支払いは決算後2ヶ月以内ですので、期末日の時点ではまだ納税前となります。そのため、**後で払う未払金と同じ負債の勘定科目である「未払法人税等」を使います**。

法人税、住民税及び事業税　2,000,000　／　未払法人税等　2,000,000

【決算（Z）】法人税等は200万円と計算された。

［イメージトレーニング］

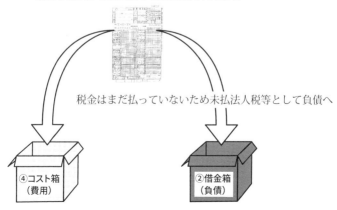

税金の資料から法人税等 2,000,000 円を計算

税金はまだ払っていないため未払法人税等として負債へ

④コスト箱
（費用）

②借金箱
（負債）

[決算整理仕訳]

借方		貸方	
勘定科目	金額	勘定科目	金額
法人税、 住民税及び事業税	2,000,000	未払法人税等	2,000,000

未払法人税等を入れた貸借対照表は次のようになります。

貸 借 対 照 表
×1年12月31日　　　　　　　　　（単位：円）

資産の部			負債の部	
Ⅰ流動資産			Ⅰ流動負債	
現金預金		8,485,000	買掛金	400,000
売掛金		2,500,000	未払費用	2,500
商品		300,000	短期借入金	2,200,000
前払費用		15,000	未払金	690,000
Ⅱ固定資産			預り金	25,000
備品	500,000		未払法人税等	2,000,000
減価償却累計額	100,000	400,000	Ⅱ固定負債	
			長期借入金	1,000,000
資産合計		11,700,000	負債合計	6,317,500

■ 貸借対照表のバランス

　上の貸借対照表を見て、気になることはありませんか？

　せっかく資産と負債を横に並べているのに、借方（左）と貸方（右）の合計額が違うようです。

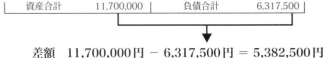

差額　11,700,000円 － 6,317,500円 ＝ 5,382,500円

　左右の合計額が合っていないと、なんだか気持ち悪いですよね。

　貸借対照表のことを英語でBalance Sheet（バランスシート）と呼ぶぐらいですから、「左右の金額が同じになる」と想像できます。

　差額である「11,700,000円 − 6,317,500円 ＝ 5,382,500円」は
いったい何を意味する数字なのでしょうか？

　ここで登場するのが、本書冒頭で予告した「プラス1の箱」になり
ます。

■ プラス1の箱

　普段の会社の取引や決算整理に関しては、基本の4つの箱ですべ
て保管管理できますが、貸借対照表のバランスのことを考えると、
このプラス1の箱がどうしても必要になります。

　そしてこの**プラス1の箱があるから、『すべての情報が連続でつな
がる』**という、記録簿としてこれ以上ない神業を成し遂げるのです。

　なぜって？　過去のデータをいじると、今のデータも変わってし
まうため、連続でつながっていると、改ざん防止に役立つのです。

　さらに会社の経営効率など経営分析にとってもプラス1の箱は欠
かせません。では、プラス1の箱には何が入るのでしょうか？

　プラス1の箱は、次の2つを入れる箱になります。

　1．会社の元手である「資本金」
　2．利益の累積である「利益剰余金」

■ 資本金

　あなたが会社を立ち上げたときに元手として10万円を用意した
ことを覚えていますか？　16ページの取引（A）です。

【取引（A）】現金10万円で会社を設立した。

　この10万円はあなたが会社を立ち上げるために用意したお金で
す。会社からすると10万円という現金が増えているので、次の仕訳

をしていました。

現　金　100,000　／　？？？　100,000

　P66 では貸方（右）を？？？のまま進めてきましたが、これが差額の原因と考えられます。では貸方（右）には、何が入るでしょうか？
　この現金はオーナーであるあなたが用意した元手です。元手を出した人のことを「株主」と呼びますが、この**10万円は株主が用意した元手であるとわかるように記録する必要があります。つまり、貸方（右）には「資本金」という勘定科目を入れて仕訳します**。

現　金　100,000　／　資本金　100,000

「現金 100,000 円が増えたのは、会社のオーナーである株主が100,000 円を出資したからだ」と、この仕訳でわかります。ではこの資本金という勘定科目は、どの箱に入れるのでしょうか？
　新しい箱を用意して、そこに入れます。そして、まさにこれがプラス1の箱である**⑤資本箱（純資産）**です！
　②借金箱（負債）と同様に、**⑤資本箱（純資産）は必ず貸方（右）に置きます**。会社のお金が増える取引という点で、借入金と資本金は似ているからです。単純に現預金が増加したときは借方（左）のため、⑤資本箱（純資産）は残っている貸方（右）という考え方もできます。

［イメージトレーニング］

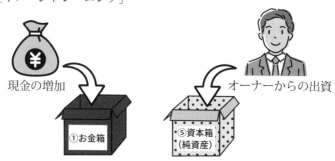

現金の増加　　　　　　　　　　　　オーナーからの出資

①お金箱　　　　　　　　　　　⑤資本箱
　　　　　　　　　　　　　　　（純資産）

［仕訳］

	借方		貸方	
	勘定科目	金額	勘定科目	金額
設立時	現金	100,000	資本金	100,000

■ 純資産の部

　取引 (A) の仕訳で資本金の表示をしなかったため、借方 (左) と貸方 (右) が一致しなかったことがわかりました。

貸借対照表には、必ず資本金を表示すること！

　そこで、新たに**貸借対照表の貸方 (右) の区分として「純資産の部」を作ります。「資産の部」は左ですが、「純資産の部」は右になります。**

　ここは⑤資本箱 (純資産) に入れた勘定科目を表示する区分です。

貸 借 対 照 表
×1 年 12 月 31 日　　　　　　（単位：円）

資産の部			負債の部	
Ⅰ流動資産			Ⅰ流動負債	
現金預金		8,485,000	買掛金	400,000
売掛金		2,500,000	未払費用	2,500
商品		300,000	短期借入金	2,200,000
前払費用		15,000	未払金	690,000
Ⅱ固定資産			預り金	25,000
備品	500,000		未払法人税等	2,000,000
減価償却累計額	100,000	400,000	Ⅱ固定負債	
			長期借入金	1,000,000
			負債合計	6,317,500
			純資産の部	
			資本金	100,000
			純資産合計	100,000
資産合計		11,700,000	負債純資産合計	6,417,500

　これで貸借対照表の借方 (左) と貸方 (右) の差額は「11,700,000 円－ 6,417,500 円＝ 5,282,500 円」になりました。まだ差額は大きいですが、5,282,500 円という数字、見覚えはありませんか？

■ 利益剰余金
りえきじょうよきん

　5,282,500 円という数字は、損益計算書の当期純利益と同じ金額です（P116 参照）。ここで利益について考えてみましょう。

　利益が上がれば、結果的にお金は増えていきます。たとえば売上が 100 万円で費用が給料の 60 万円だけだと、利益は 40 万円になります。売上代金を現金で受け取り、給料を現金で払えば、「100 万円－ 60 万円＝ 40 万円」で、40 万円の現金が増えるのと同じです。

　つまり、**利益というのは現金のような資産を増やすという結果をもたらすもの**なのです。だから**損益計算書で計算された当期純利益だけ、会社の資産が増えている**ということです。そして、増えたらその原因をきちんと報告しなければなりません。

　それが**プラス 1 の箱である⑤資本箱（純資産）に入れるべきもう一つの要素「利益剰余金」になります**。損益計算書で計算された当期純利益 5,282,500 円と同じ額を、利益剰余金に入れてあげます。

　そして**⑤資本箱（純資産）に入れる科目は、資本金と同じように貸借対照表では純資産の部に表示します**。

　結果、貸借対照表は次のようなバランスになりました。

貸 借 対 照 表
×1 年 12 月 31 日　　　　　（単位：円）

資産の部			負債の部	
Ⅰ流動資産			Ⅰ流動負債	
現金預金		8,485,000	買掛金	400,000
売掛金		2,500,000	未払費用	2,500
商品		300,000	短期借入金	2,200,000
前払費用		15,000	未払金	690,000
Ⅱ固定資産			預り金	25,000
備品	500,000		未払法人税等	2,000,000
減価償却累計額	100,000	400,000	Ⅱ固定負債	
			長期借入金	1,000,000
			負債合計	6,317,500
			純資産の部	
			資本金	100,000
			利益剰余金	5,282,500
			純資産合計	5,382,500
資産合計		11,700,000	負債純資産合計	11,700,000

左右のバランスがとれている

122

　会社は翌期以降も利益を稼いでいくため、利益剰余金は利益が出る度に増えていきます。つまり利益剰余金は利益を貯め込むためのタンクのような表示科目なのです。タンクという意味では、減価償却累計額と似ています。

《利益剰余金の仕訳》
簿記はすべて仕訳で記録します。利益剰余金の金額を、当期純利益分だけ増やす仕訳は、以下になります。

損　　益　5,282,500　／　繰越利益剰余金　5,282,500

この仕訳を「決算振替仕訳」といいます。ただし現代は会計ソフトを利用するのが一般的なため、決算振替仕訳はソフト内部で自動的に仕訳されます。そのため、実際にこの仕訳を入力するような作業はありません。
日商簿記検定などの試験簿記では詳しく学ぶ必要がありますが、実務では不要な知識となります。まずは、純資産の部に利益剰余金があることの意味を理解しておいてください。

■ 損益計算書と貸借対照表の構造

　これで仕訳の報告書である財務諸表が完成しました。では、次のページで、損益計算書と貸借対照表の構造を5つの箱を使って見てみましょう。
　毎期毎期、損益計算書の当期純利益が増えていけば、それだけ貸借対照表の利益剰余金も増えていきます。つまり<u>利益剰余金を見れば、その会社が過去にどれだけ稼いできたかがわかる</u>のです。
　そしてその利益剰余金の分だけ、会社の資産が増えてきたことになります。

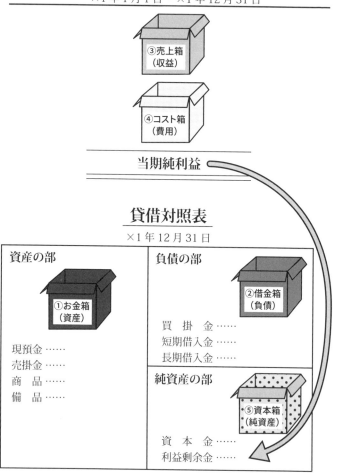

損益計算書

×1年1月1日～×1年12月31日

③売上箱
（収益）

④コスト箱
（費用）

当期純利益

貸借対照表

×1年12月31日

資産の部	負債の部
①お金箱（資産）	②借金箱（負債）
現預金…… 売掛金…… 商品…… 備品……	買 掛 金…… 短期借入金…… 長期借入金…… 純資産の部 ⑤資本箱（純資産） 資 本 金…… 利益剰余金……

　会社は出資してくれた人（株主）に対し、利益の還元として配当金を払うことがあります。**配当金は基本的に利益剰余金の範囲内でしか株主に還元できません**。このため株主にとって、利益剰余金はとても重要な数字になります。

　ここまで本書で学んできたあなたなら、仕訳や財務諸表の構造は十分に理解できているはずです。そこで最後に実務で使える簿記会計知識の応用編として、**経営分析で最も重要な指標となる「ROE」と「ROA」について説明します**。

■ 経営分析：ROE

　ROEはアールオーイーまたはロエと読みます。Return on Equityの略で、日本語では「自己資本利益率」といいます。**「自己資本」とは、⑤資本箱（純資産）に入っている資本金や利益剰余金のこと**です。

　これは、**②借金箱（負債）のことを「他人資本」と呼ぶことの対比**です。銀行からの借入などは、返済する必要があるため「他人資本」といいます。これに対しオーナー（株主）からの資本金や会社が稼いだ利益は、返す必要がないため自己資本となるのです。

　損益計算書の当期純利益を、貸借対照表の⑤資本箱（純資産）の合計である『自己資本』で割った数値がROEになります。

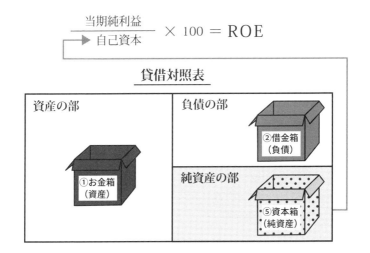

$$\frac{当期純利益}{自己資本} \times 100 = ROE$$

貸借対照表

| 資産の部 | 負債の部 |

②借金箱（負債）

①お金箱（資産）

純資産の部

⑤資本箱（純資産）

ROE は、「自己資本を使ってどれだけ利益を稼いでいるか」を示す指標です。

　株主が投資した資金で、どれだけ利益を獲得したかを表すため、投資家にとっては一番重要な指標となります。**「継続的に 8%以上」というのが優良企業かどうかの目安**とされています。

　この ROE。日本企業は低く、欧米企業は高いと言われています。「日本株を買わない日本人」という記事を読んだことはありますか？

　日本企業は ROE が低いため、投資するなら欧米企業を選ぶ投資家が多いからだと言われています。

　簡単に計算できますから、いろいろな会社の ROE を算出してみてください。たとえば本書で扱った「あなたの会社」は、自己資本（純資産の部合計）が 5,382,500 円、当期純利益が 5,282,500 円のため、ROE は 98.1％となり、超優良企業になります。

$$\frac{5,282,500 \text{ 円}}{5,382,500 \text{ 円}} \times 100 = \mathbf{98.1}\%$$

■ 経営分析：ROA

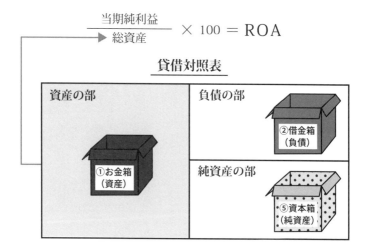

　2つめの経営指標は、ROAです。アールオーエーまたはロアと読みます。Return On Assets の略で、日本語では「総資産利益率」といい、**当期純利益を総資産で割った指標**です。

「総資産」は、①お金箱（資産）の総額のことで、貸借対照表では資産の部の合計になります。

　自動車産業のような製造業は、機械などの固定資産を使って売上を稼ぐ面があります。そこで**ROAにより、資産を使ってどれだけ効率的に利益を稼いでいるかを判断しよう**としているのです。

　ROAは、5％以上であれば優良企業といわれています。それでは、この本で扱ったあなたの会社のROAを計算してみましょう。総資産（資産の部合計）が、11,700,000円、当期純利益が5,282,500円ですから、ROAは45.1％となり、超優良企業になります。

$$\frac{5,282,500\,円}{11,700,000\,円} \times 100 = 45.1\%$$

　ROEとROA、どちらも数値が高ければ、自己資本からみても総資産からみても効率的に利益を稼いでいることになり、優良企業と判断されることになります。この2つの経営分析指標も、4つの箱とプラス1の箱を学んできたあなたなら、直観的にわかるはずです。

　以上で、仕訳の基礎から決算書のまとめ方、実務でよく使う経営分析までをマスターすることができました！

　おそらく、簿記会計の実力はかなり向上しているのではないでしょうか。

　日商簿記3級のような検定試験にチャレンジするのも良し、ビジネスの世界でこの知識を生かすのも良し。

　本書を最後まで読破したあなたは、実践でも自信をもって簿記会計に取り組めることでしょう。

　きっと、大きな世界が開けているはずです。

澤 昭人（さわ あきと）

　書籍やラジオなど多彩なメディアを通して経済や投資・会計・税金を子供でも分かるように伝えることを使命と考えている。その一環としてアイドルとコラボする機会もあり、書籍の発行部数は累計90万部を超える。

　立正大学法学部非常勤講師(近代経済学)。本職は公認会計士。会計事務所を経営する傍らベンチャー企業の役員などを複数務める。

実践で役立つ本当に使える会計本

4つの箱で理解する簿記会計

2023年6月2日	第1刷発行

著者	澤 昭人

編集人	諏訪部 伸一　江川 淳子
発行人	諏訪部 貴伸
発行所	repicbook（リピックブック）株式会社
	〒353-0004　埼玉県志木市本町5-11-8
	TEL　048-476-1877
	FAX　048-483-4227
	https://repicbook.com
印刷・製本	株式会社シナノパブリッシングプレス